新型职业农民培育系列教材

农业支持保护政策

臧月萍　卫巧生　李　广　主编

中国农业科学技术出版社

图书在版编目（CIP）数据

农业支持保护政策／臧月萍，卫巧生，李广主编．—北京：中国农业科学技术出版社，2017.12

ISBN 978-7-5116-3381-1

Ⅰ.①农…　Ⅱ.①臧…②卫…③李…　Ⅲ.①农业经济-政策支持-中国

Ⅳ.①F32

中国版本图书馆CIP数据核字（2017）第286942号

责任编辑	白姗姗
责任校对	马广洋

出 版 者	中国农业科学技术出版社 北京市中关村南大街12号　邮编：100081
电　　话	(010)82106638(编辑室)　(010)82109702(发行部) (010)82109709(读者服务部)
传　　真	(010)82106650
网　　址	http://www.castp.cn
经 销 者	各地新华书店
印 刷 者	北京富泰印刷有限责任公司
开　　本	850mm×1 168mm　1/32
印　　张	5.875
字　　数	147千字
版　　次	2017年12月第1版　2017年12月第1次印刷
定　　价	29.80元

《农业支持保护政策》

编　委　会

前　言

支持保护制度是现代化国家农业政策的核心，也是我国发展现代农业的必然要求。这些年来，国家财政对“三农”的投入快速增长，农业补贴涵盖的范围越来越宽，已初步构建了一套适合我国国情的比较完整的农业支持保护体系。

本书以技能培养为主，尽量拓宽知识面，增加信息量，很少涉及偏深偏难又不实用的内容，紧跟政策与科学技术的发展。本书共7章，包括农业支持保护与产业发展、农业土地政策、农业补贴政策、农村金融政策、农业保险政策、农民教育、农业科技与信息化政策、农业产业化政策等内容。

由于编者水平所限，加之时间仓促，书中不尽如人意之处在所难免，恳切希望广大读者和同行不吝指正。

编　者

2017年9月

目　录

第一章 农业支持保护与产业发展

农业支持保护就是国家出台的一系列支持和保护本国农业产业发展的政策体系和制度安排。为什么要对农业支持保护？在工业化、城镇化快速推进的背景下农业的意义和价值何在？我们应当如何认识农业支持保护的大趋势？本章我们会清楚认识所从事的农业产业的重要性，掌握农业支持保护政策的基本常识，从而坚定从事农业和在农业中创业的信心。

第一节 农业支持保护的概述

一、农业支持保护的含义

农业支持保护就是指国家出台的一系列支持和保护本国农业产业发展的制度安排和政策体系。

农业支持保护包括国际和国内两方面的政策。国际方面是指在国际贸易中，为了保护本国农业不受国外冲击而采用的关税、非关税壁垒及出口补贴等政策措施；国内方面是指为支持本国农业、提高国内农产品的竞争力，在生产和流通领域采取的直接或间接的政策措施。随着国际贸易自由化程度的提高，特别是WTO协议中对贸易保护政策的限制越来越严，对国际贸易保护措施的运用频率逐渐减少，国内支持成为世界各国对农业支持和保护的主要手段。

另外，农业协定中有关农业支持保护的内容还有边境保护政策（如进口关税、配额、出口补贴）和其他影响农业发展的政策措施（如土地政策、生产者组织化程度）等。

具体来讲，所谓农业支持保护体系，就是以财政资金为主导，对农业进行扶持、援助，以及为了保护本国粮食安全、食物安全等而对部分农产品进行贸易保护，避免受到国外市场冲击的政策体系。因此，农业支持保护政策外延比较宽泛，包括为农业生产提供的基础设施建设、科研指导、病害防治、市场信息和其他方面的公共服务，对农业生产、流通环节实施的财政支持、税收减免、金融保险、价格干预等扶持政策，以及农产品进出口贸易中的关税、关税配额、技术壁垒以及出口补贴等贸易措施。

二、加强农业支持保护是世界各国的共同经验

纵观美国、欧盟、韩国、日本等世界发达国家和地区的发展历程，凡农业产业比较发达的国家，在工业化基本完成后，无一不加大对农业的支持保护力度，加强农业、农村基础设施，强化以农业推广为主要内容的公共服务，对农业进行各种补贴和补助，实行农产品价格支持，开展生态保护和补偿政策。加速农业现代化步伐，实现农业与工业化、城镇化的协调发展。目前，美国、欧盟、日本、韩国等国家和地区都已建立比较健全的农业支持保护体系，但仍毫不放松加大农业国内支持保护，成为促进农业发展、保障农民增收的重要支撑。反之，部分发展中国家，在经济发展进入工业化中期后，没能及时调整政策，没有加大对农业的支持保护，导致农业衰落、农村凋敝，城乡发展失调严重，制约了国家经济社会的发展进程，掉入中等收入的陷阱。

第二节　我国的农业支持保护体系

我国对农业的支持保护是随着我国城乡关系、工农关系的变化从无到有逐步建立起来的，现在已经形成了以公共财政投入为主、法律保障为辅的政策体系。本节我们会认识我国农业

支持保护体系的特点，了解我国农业支持保护的基本内容，清楚中央和政府对支持农业、保护农业的决心，有助于我们正确认识我国农业形势，立志做熟悉国家政策的新型农民。

一、国际方面的政策体系

1. 我国农产品关税政策

1992年之前，我国实行高关税高壁垒的农产品市场准入政策，对进口农产品征收较高的关税。之后到2001年，我国农产品关税政策有明显放松，关税税率明显下降。2001年年底我国加入WTO后，坚持实际实施税率与约束关税税率相一致的关税政策，不断降低进口关税税率，以从价税取代从量税，不断扩大最惠国税率的实施对象和适用种类。

2. 非关税壁垒

我国农产品非关税壁垒政策主要包括进口数量限制措施和其他非关税措施。进口数量限制措施又分为自动进口许可制度和非自动进口许可制度。非自动进口许可制度主要适用于对配额及其他限制性措施的管理，自动进口许可制度是在任何环境下，对申请人提出的进口申请均不加限制，予以批准的制度。我国加入WTO之后有越来越多的农产品适用于自动进口许可管理制度，越来越多的农产品进入中国市场的进口审批不再受限制。

此外，我国出于保护生态环境、保障人民健康等目的，对一部分农产品采取禁止进口的政策，对一部分农产品实行较为严格的进口许可证管理制度，进口管理部门可以对一部分的进口申请不予批准。

3. 出口补贴

2015年12月19日，在世界贸易组织部长级会议上，包括中国在内的世贸组织成员首次承诺，全面取消农产品出口补贴，并将限制农产品出口信贷。

二、国内方面的政策体系

1. 农业土地支持保护体系

农业生产要发展，最基本的是土地，农业基本经营制度是我国农业得以发展的政策基石。规模经营是现代农业发展的方向和出路，是实现农业现代化和农民致富的必经之路。耕地保护是我国的红线政策，这是我国农业得以存在的重要保证。土地确权颁证是确立产权、促进土地流转的重大政策，是当前正在进行的焦点。党的十八届三中全会和2016年的中共中央国务院一号文件（简称中央一号文件，全书同）都出台了允许农民土地承包权和经营权分置的政策。政策还允许农户对土地的承包经营权进行抵押、担保，允许农民以承包经营权入股发展农业产业化经营，允许农民对住房财产权进行抵押、担保、贷款。

【小资料】

习近平总书记高度关注农业发展和农民福祉，在各种场合多次提到“小康不小康，关键看老乡”“中国要强，农业必须强；中国要美，农村必须美；中国要富，农民必须富”。2015年7月，习近平同志在吉林调研时还特别强调：“任何时候都不能忽视农业、不能忘记农民、不能淡漠农村，必须始终坚持强农惠农富农政策不减弱、推进农村全面小康不松劲，在认识的高度、重视的程度、投入的力度上保持好势头。”

2. 农业补贴支持保护体系

农业补贴有利于提高我国农产品的市场竞争力，增加农民收入。从国际经验看，农业必须补贴扶持，农业的现代化也必须依赖补贴。近些年我国出台了一系列补贴支持政策，如粮食直补、良种补贴、农机具购置补贴、农资综合补贴等普惠制补贴。今后，我国农业的四项普惠制补贴将会进一步完善，其他补贴还会归并、整合，加大单项补贴政策的支持力度，使补贴成为农业发展的重要导向。

3. 价格支持保护政策

价格支持保护政策主要是为了减少农产品特别是粮食的市场价格波动，避免对农民生产产生影响。目前主要有三方面的政策：一是最低收购价，如2005年启动的水稻收购价和2006年启动的小麦最低收购价。二是大豆、棉花的目标价格试点。目标价格发挥了市场的决定性作用，减少了最低收购价对市场价格产生的干扰作用。三是对一些农产品根据市场变化和生产情况实行临时收储。如对生猪实行猪粮比临界点6∶1的猪肉收储政策。

4. 农业产业支持保护体系

农业作为一个产业，首要任务是提供农产品，保证国家粮食安全和重要农产品的有效市场供应。产业支持保护政策即是要培育农业的综合生产能力，实现农业产业的升级增效。为此，就要在政策上构建起产业体系，不断提高农业生产水平和综合生产能力。一是确保农业要素资源的投入，包括高产、稳产、高标准农田的建设，农药、化肥、农机等重要农业投入品、农村金融融资、农业保险等。二是对农业产业体系的支持，包括推进农业产业化，农业科技创新和农业技术推广，农业信息化的运用等。

5. 农业生态支持保护政策

目前实施的政策主要有退耕还林、退牧还草、退耕还湖等。森林和自然保护区的生态补偿起步较早，国家投入较多，取得了较明显的成效。2011年起，国家在内蒙古自治区（以下简称内蒙古）、新疆维吾尔自治区（以下简称新疆）、青海省、西藏自治区（以下简称西藏）、四川省、甘肃省、宁夏回族自治区（以下简称宁夏）和云南省 8 个主要草原牧区省、自治区和新疆生产建设兵团，全面启动了草原生态保护奖励机制。农业生态建设和可持续发展将是我国未来的农业支持保护政策需要加强的重要方面。

第二章　农业土地政策

第一节　土地的概念与特性

一、土地的概念

土地，最直接的解释是地球表层的陆地部分。但是随着社会生产力的发展、科学技术的进步和人类与土地的关系越来越密切，人们对土地的认识和理解也逐步深入和宽广。土地，是由气候、地貌、岩石、土壤、植被、水文、基础地质以及人类活动的种种结果组成的自然经济综合体。

首先，土地是自然的产物，但在人类的利用中又会产生经济结果。土地是自然存在的，不是人类劳动的产物，但在人类利用过程中会产生一系列的社会、经济结果，如产生经济收益、居住的舒适和安逸、改善自然景观等。因此，自从有人类历史以来，都在不断地改造和利用土地，人类的发展历史也是一部土地利用与管理的历史。

其次，土地既是资源，又是资产。土地是一种自然资源，地球表层是一个深厚、宽广、博大的自然资源库，包括气候资源、水资源、生物资源、矿产资源和土地资源等，土地资源是其重要的组成部分，甚至是构成其他资源的载体。随着土地资源进入人类的社会、经济活动领域，土地又是一种重要的资产。在奴隶社会和封建社会，封疆割地、将土地据为己有，是王公贵族社会经济地位的基本体现；在资本主义社会，土地作为一种重要的财产（不动产）是私人业主和资本家财产的重要组成部分；在我国目前的社会主义社会，实行土地公有制，在进行土地使用制度改革以后，土地使用权作为一种重要的资产已形成了企业资产的一部分。因此，在任何经济社会，土地都充分体现了其资产特性。

再次，土地虽然以实物形态存在，但又依赖于产权。尤其是土地作为资产进入社会经济领域，由于它是一种不能移动的财产（不动产），其进行买卖、租赁，甚至利用过程中，都需要有明确的产权关系，因此从这一角度来说，土地产权关系是土地的重要构成部分之一。

（一）土地与土壤、国土、土地资源的区别

土地和土壤不是个概念。土壤是指地球陆地表面具有肥力、能够生长植物的疏松表层。

土地的含义要比土壤广泛得多。土壤只是土地表层的附属物，人力可以搬动土壤，却无法搬动土地。

土地和国土，严格地说也不是一个概念。国土是指一国主权管辖内的版图，就其广义而言，包括一国的陆地、河流、湖泊、内海、领海、大陆架以及它的下层和上空。所以，就国土资源而言，它包括土地资源、生物资源、气候资源、水资源、矿产资源、海洋资源、旅游资源等。其中，土地资源是国土资源的重要组成部分，但不是它的全部。

土地和土地资源也是有区别的。土地资源是指土地总量中，现在和可预见的未来能为人类所利用，用以创造财富、产生经济价值的这部分土地。目前人们还很难断定，哪部分土地是绝对不能利用，不能为人类创造财富，绝对无经济价值的。所以，土地和土地资源在习惯上是通用的。

（二）土地管理中准确界定土地概念的重要性

我国的土地管理属于政府管理性质，即是由政府组织成立土地管理机构，为实现一定区域内的土地资源合理配置和有序利用所进行的管理活动。因此其属于行政管理性质，其管理依

据是一定的法律和政策规定，在管理实践中要求必须准确界定土地的外延和内涵。

1. 土地概念的空间范围

众所周知，土地资源条件具有区域差异，因此土地又是一个区域和空间概念。但这里所谓的土地概念的空间范围，主要是指在土地管理过程中要准确界定土地的四至范围和上下空间，如在土地登记过程中需采用文字及图示（宗地图、界址点图）等方式准确说明宗地的四至范围，涉及地下空间利用的需准确界定地上、地下空间的权属关系，地上的通行、采光关系等。

2. 土地概念的产权界定

作为资源，土地是一定的实物；但作为资产，土地产权关系就具有重要的作用。因此，从财产的角度，土地的概念界定必须准确界定其产权关系，包括产权类型、归属、期限等。

3. 土地概念的时间变化

随着时间的推移，土地资源条件、产权关系、利用状况等都会发生变化，因此在土地管理实践中，必须注意区分不同时间点的土地产权归属、利用方式，乃至政策、法律依据的变化等。

4. 土地概念的利用属性

《中华人民共和国土地管理法》（以下简称《土地管理法》）规定，我国实行土地用途管理制度，土地用途和利用状况是土地管理实践中界定土地概念的重要内容之一。如在征地管理中，如果涉及征占农用地，必须进行农用地转用审批；在建设用地供应管理中，必须明确土地用途、建筑密度、建筑容积率等条件。

二、土地的特性

（一）土地的两重性

对土地特性的把握是开展土地管理的基本要求。对土地管理来说，土地是自然经济综合体，具有两重性，主要体现在以下 3 个方面。

1. 土地既是劳动对象，又是劳动资料

劳动对象是人们在物质资料生产过程中将劳动加于其上的一切东西，因此在农业生产过程中，人们对土地的耕作、对土壤地力的培肥，都是以土地作为劳动对象。但是，有时土地又是劳动资料，劳动资料是人们在劳动过程中用来改变或影响劳动对象的一切物质资料和物质条件，又称劳动手段，像交通用地、城市建设用的建筑场地等，都是以劳动资料的形式参与生产过程的。

2. 土地既反映生产力，又体现生产关系

生产力是指人们征服和改造自然的能力，反映人们在生产过程中和自然界的关系，劳动者和生产资料是其两个基本要素，而生产资料又分为劳动资料和劳动对象，而前文已经分析了土地既是劳动对象，又是劳动资料，因此在不同社会制度条件下，土地在参与生产过程中，反映不同的社会生产力水平。同时，土地又体现生产关系，生产关系是指人们在物质生产过程中结成的相互关系，它包括生产资料的所有制形式、生产者在生产中的地位及其相互关系和社会交换产品的分配形式等。而土地作为重要的生产要素之一，其所有制形式是任何社会制度的主要方面，社会集团对土地的拥有程度更是其社会地位的基本体现，因此土地又是生产关系的基本体现。

作为生产资料的土地，在被人类利用的过程中，总是要反映出一定的社会中人与人之间的某种生产关系，包括占有、使

用、支配和收益的关系。土地的占有、使用关系在任何时候都是构成社会土地关系的基础，进而反映了社会经济的性质。所谓土地问题，归根结底，是土地经济关系和土地利用的问题。土地的利用取决于许多社会的和自然的因素和条件。但是，起决定作用的还是在社会中占统治地位的生产方式，或是指在一定社会生产方式下的土地关系。其中最重要的问题是，土地归谁所有。马克思曾指出土地所有权乃是一切财富的最初源泉……”

3. 土地既具有自然属性，又具有社会经济属性

土地作为自然体，有其自然特性，如形成土地表面形状的地形和空间、土壤、植被及水文地质等，这些特性及其条件，对因地制宜地评价土地的生产能力，配置各业生产用地、正确解决和处理土地开发利用和环境因素之间的矛盾具有重要的意义，同时土地的自然属性对农业生产和建设也都有直接的影响和作用，并影响着土地利用的效益。土地的社会经济属性，既反映在进行土地分配和再分配的客观必要性，也是进行地权管理、调整土地关系的基本出发点。土地的分配与再分配，不仅反映了土地利用的客观要求，也反映着一定的土地关系。这种土地关系既与土地制度、土地权属有关，也与土地利用的结果及其影响有关，甚至与所在区域社会经济发展有关。

（二）土地的基本特性

1. 土地是自然的产物

在社会生产中，其他生产资料都是劳动的产物，而土地是自然本身的产物。土地为自然所赋予，非人力所能创造，土地在人类出现以前早已存在，人类不能制造土地，但人类的劳动可以改变和影响土地利用。土地的这一特性，要求我们必须珍惜和保护土地。

2. 土地面积的有限性

在社会生产发展过程中，生产资料的数量可以不断增加，但作为生产资料的土地，因受地球表面陆地部分的空间限制，土地的面积（数量）只能是有限的，既不能增加，也不能用其他生产资料来代替。正像马克思所说的那样，它不能像工业生产中那样随意增加效率相同的生产工具的数量，即肥沃程度相同的土地数量。列宁也曾指出：土地有限是一个普遍现象。人类可以围湖填海造地，但这只是对地球表层土地形态的改变。从总体看，人类只能改变土地的形态，改善或改良土地的生产性能，但不能增加土地的总量。所以人类必须充分、合理地利用土地资源，不断提高集约化经营程度，从而使有限的土地生产出更多的物质财富，以满足整个社会的需要。

3. 土地的永久性

其他任何生产资料在使用过程中，都会产生损耗，都会逐渐陈旧或受到磨损，最后报废。但土地在使用过程中，只要合理利用，其肥力或生产力可以不断提高，成为持续不断的永久性的生产资料。当然，不合理地开垦和利用土地，将导致土地生态系统的破坏，使土壤肥力和土地生产能力下降，最后将受到自然界的惩罚。土地的这一特性，要求我们必须尊重客观规律，对土地进行科学规划、合理利用。

4. 土地位置的固定性

其他生产资料可以移位，而土地则是固定的，即地球表层的陆地是恒定的，其空间位置，包括任何一部分土地与其他部分土地的关系，也都是不能随意移动的，反映土地位置的固定性。人们不可能用土壤肥沃、地形平坦、交通便利的土地，来替换荒僻地区、交通不便、地形复杂和土壤肥力低劣的土地。因此，土地的利用与改良具有鲜明的地域特点，必须根据当地的自然生态环境因地制宜地组织生产，确定合理的土地利用结构和布局。土地位置是固定的，但其在被人类利用过程中所表现出的社会、经济位置，即土地区位条件则是可变的。例如，有些地区原为良好的住宅区，因附近建了工厂，以致变成环境污染的居住区，影响居住区的居住条件；相反，有些原为偏僻的居住区，由于基础设施、公共设施的兴建而变成优良的居住区，城市内的居住小区改造正体现了这一点。土地区位条件的改变也体现在城市内部，城市内道路和车站的增加或迁移，基础设施的扩建、改建等，都会影响市区土地的经济价值和利用效益。

5. 土地用途的多样性

同一块土地可作为住宅用地、工业用地、商业用地、交通用地、农业用地，甚至旅游娱乐用地等使用，这就是土地的多用途性。由于土地用途的多样性与土地数量的有限性同时并存，引起不同用途之间的竞争与改变，例如，农业用地转变为住宅用地、工业用地、交通用地，又如，在一定的地区既有居住用地，也有林地、农地、工业用地等，这种多用途的并存随处可见。当然，土地尽管具有多用途性，但土地的最适宜用途往往只有一种，或少量的几种，特别是具有特殊使用要求的利用方式所能使用的土地往往有限，如农业生产所需的耕地，因此在土地利用和管理过程中，应对土地进行合理规划，以保证土地资源的合理、有效使用。

第二节 土地管理

土地管理是国家为维护土地制度，调整土地关系，合理组织土地利用所采取的行政、经济、法律和技术的综合措施。一般而言，国家把土地管理权授予政府及其土地行政主管部门。因此，土地管理也是政府及其土地行政主管部门依据法律和运用法定职权，对社会组织、单位和个人占有、使用、利用土地的过程或者行为所进行的组织和管理活动。

从土地管理的概念上分析其含有6层含义。

（1）土地管理的主体。各级政府的土地行政主管部门及其公务员，包括政府、土地行政主管机关、行政首长和土地行政主管部门的普通公务员。

（2）土地管理的客体。土地及土地利用中产生的人与人、人与地、地与地之间的关系。

（3）土地管理的任务。维护土地公有制、调整土地关系、合理组织土地利用、监督土地利用。

（4）手段和方法。行政、经济、法律、技术。

（5）职能。计划、组织、协调、控制。

（6）土地管理具有鲜明的阶级性。

第三节　农村土地承包合同

一、农村土地承包合同的主体

合同的主体包括合同的发包方和承包方。根据《中华人民共和国农村土地承包法》第十二条规定，合同的发包方是农村集体经济组织、村委会或村民小组。合同的承包方是本集体经济组织的农户，签订合同的发包方是集体经济组织。发包方的代表通常是集体经济组织负责人。承包方的代表是承包土地的农户户主。

二、农村土地承包合同的主要条款

（一）农村土地承包合同条款

农村土地承包合同一般包括以下条款：①发包方、承包方的名称，发包方负责人和承包方代表的姓名、住所；②承包土地的名称、坐落、面积、质量等级；③承包期限和起止日期；

④承包土地的用途；⑤发包方和承包方的权利和义务；⑥违约责任。

（二）承包合同存档、登记

承包的合同一般要求一式三份，发包方、承包方各一份，农村承包合同管理部门存档一份。同时，县级以上地方人民政府应当向承包方颁发土地承包经营权证或者林权证等证书，并登记造册，确认土地承包经营权。颁发土地承包经营权证或者林权证等证书，除按规定收取证书工本费外，不得收取其他费用。

三、农村土地承包合同当事人的权利义务

农村土地承包合同的当事人是发包方和承包方。

（一）发包方的权利和义务

1. 发包方的权利

（1）发包本集体所有的或者国家所有由本集体使用的农村土地。

（2）监督承包方依照承包合同约定的用途合理利用和保护土地。

（3）制止承包方损害承包地和农业资源的行为。

（4）法律、行政法规规定的其他权利。

2. 发包方的义务

（1）维护承包方的土地承包经营权，不得非法变更、解除承包合同。承包合同生效后，发包方不得因承办人或者负责人的变动而变更或者解除，也不得因集体经济组织的分立或者合并而变更或者解除。承包期内，发包方不得单方面解除承包合同，不得假借少数服从多数强迫承包方放弃或者变更土地承包经营权，不得以划分“口粮田”和“责任田”等为由收回承包地搞招标承包，不得将承包地收回抵顶欠款。

（2）尊重承包方的生产经营自主权，不得干涉承包方依法进行正常的生产经营活动。

（3）依照承包合同约定为承包方提供生产、技术、信息等服务。

（4）执行县、乡（镇）土地利用总体规划，组织本集体经济组织内的农业基础设施建设。

（5）法律、行政法规规定的其他义务。

（二）承包方的权利和义务

1. 承包方的权利

（1）依法享有承包地使用、收益和流转的权利，有权自主组织生产经营和处置产品。

（2）承包地被依法征用、占用的，有权依法取得相应的补偿。

（3）法律、行政法规规定的其他权利。

2. 承包方的义务

（1）维持土地的农业用途，不得用于非农业建设。

（2）依法保护和合理利用土地，不得给土地造成永久性损害。

（3）制止承包方损害承包地和农业资源的行为。

（4）法律、行政法规规定的其他义务。

四、农村土地承包合同纠纷的解决

在土地承包过程中，发包方和承包方难免发生一些纠纷，这些纠纷的解决途径有以下几种。

（一）协商

发包方与承包方发生纠纷后，能够协商解决争议，是纠纷解决的最好办法。这样既节省时间，又节省人力和物力，但是并不是所有的纠纷都可以通过协商的方式解决。

（二）调解

纠纷发生后，可以请求村民委员会、乡（镇）人民政府调解，也可以请求政府的农业、林业等行政主管部门以及政府设立的负责农业承包管理工作的农村集体经济管理部门进行调解；调解不成的，可以寻求仲裁或者诉讼途径解决纠纷。

（三）仲裁或诉讼

当事人不愿协商、调解或者协商、调解不成的，可以向农村土地承包仲裁机构申请仲裁。对仲裁不服的，可以向人民法院起诉。当然，当事人也可以不经过仲裁，直接向人民法院起诉。

【小案例】

强砍梨树犯法

2005 年，杨某在自己的承包地上栽植梨树。2006 年 3 月，杨某与所在的 A 县 B 镇 C 村续签承包合同，约定杨某承包该村委会 2 亩* 地种植梨园，期限是 30 年。2016 年 8 月，国土资源部在该镇开展土地整理项目，杨某承包的土地在整理范围内。2016 年 11 月，当地村委会经居民代表大会讨论，确定了整理区内的果树补偿标准为每棵 6 元。杨某认为补偿标准太低，未在规定期限内对承包的土地自行清障。12 月底，村委会组织人员强行砍伐了杨某的梨树。2017 年 1 月，杨某诉至法院，要求判定镇政府、村委会砍伐果树行为违法并令其补偿损失。

根据相关法律规定，农村土地整理行为的法律属性应是行政指导下的农村集体土地所有权人的处分土地并变更或终止承包合同行为。基于这一法律属性，对土地是否进行整理，应由

* 1 亩≈667 平方米，15 亩=1 公顷。全书同

农村集体土地所有权主体决定。此案中，补偿费未协商一致，农村集体经济组织可依照《中华人民共和国农村土地承包法》第五十一条的规定，请求政府有关机关调解，调解不成的，可以土地所有权人的身份向人民法院提起诉讼，请求人民法院支持其进行土地整理。在补偿费不能达成协议时，农村所有权人不能强行变更或解除合同，更不能强行毁损地上农作物，否则应予赔偿。

补充：待土地整理完成后，原承包合同标的物发生变化，原承包人履行变更后的承包合同；土地性质发生变化导致原承包合同终止的，集体经济组织必须与承包人签订新的承包合同，以确保其应享有的承包权得到实现。

第四节　农业用地的保护制度

一、土地利用总体规划

土地利用总体规划是对各级行政辖区全部土地的开发、利用和保护进行统筹安排，在部门之间科学配置土地资源，综合平衡土地供求和资源需求的长远规划。依法编制和报批的各级土地利用总体规划具有法律效力，必须严格执行。各级土地利用总体规划和土地利用现状是实行用途管制、控制农用地转为建设用地的基础。

土地利用总体规划对土地使用在定性、定量、定位和定序4个方面提供了用途管制的标准。其中定量和定位尤为重要，可操作性强。定性是指某一地域空间规划时确定的土地利用性质，对低层次规划来说，就是确定土地的具体用途。定量是指在定性基础上确定的土地利用结构和调控指标，包括各类用地面积构成，其中耕地总量、建设用地规模、建设用地增减数量以及人均占有建设用地面积等，都是用途管制的直接依据。定位是在土地利用总体规划方案中，按照土地用途管制的要求，准确地划定各类用途土地的区域，标定区界，成为确定土地用途管制空间范围的重要依据。因为土地利用总体规划目标需要逐年实现，定序就是确定土地利用调控次序，近期土地利用调控指标和用途分区更能直接为用途管制提供依据。因此实行土地用途管制，要充分发挥土地利用总体规划的基础作用。

二、土地用途管制制度

土地用途管制是指国家为实行土地资源的合理利用，通过编制土地利用总体规划，划定土地用途区域，确定土地使用限制条件，要求土地的所有者、使用者严格按照确定的用途利用土地的制度。土地用途管制权既可以由国务院行使，也可由国务院发布土地用途管制授权法令，授权地方政府行使。它对农用地转为建设用地有严格的限制。

（一）征收土地的法律程序

土地用途管制的主要内容按土地用途分为农用地、建设用地和未利用地三大类。《土地管理法》规定，因建设需要征收属于集体所有的土地的，必须按以下标准权限，由省级以上人民政府批准：征收基本农田的，基本农田以外的耕地超过 35 公顷的，其他土地超过 70 公顷的，由国务院批准；征收前 3 种之外的土地，由省、自治区、直辖市人民政府批准，并报国务院备案。征收农用地的，应当现行办理农用地转用的审批手续，其中经国务院批准农用地转用的，同时办理征地审批手续，不再另外办理征地审批。经省、自治区、直辖市人民政府在征地批准权限内办理征地审批的，同时办理征地审批手续，不再另行办理征地审批。但如果农用地转用审批所涉及的土地面积超过其征地批准权限的，即属于国务院征地批准权限的，应当另行办理征地审批。征地必须依法进行，按照同地同价原则及时足额给农村集体组织和农民合理补偿，解决好被征地农民就业、住房、社会保障。否则，就会受到法律的严惩。

（二）违反土地管理法规的处罚

（1）《中华人民共和国刑法》（以下简称《刑法》）第三百四十二条，“违反土地管理法规，非法占用耕地、林地等农用地，改变被占用土地用途，数量较大，造成耕地、林地等农用地大量毁坏的，处五年以下有期徒刑或者拘役，并处或者单处罚金。”

根据最高人民法院司法解释（法释〔2000〕14 号和法释〔2005〕15 号），“数量较大”是指非法占用基本农田 5 亩以上或者非法占用基本农田以外的耕地 10 亩以上；造成耕地“大量毁坏”是指行为人非法占用耕地建窑、建坟、建房、挖沙、采石、采矿、取土、堆放固体废弃物或者进行其他非农业建设，造成基本农田 5 亩以上或者基本农田以外的耕地 10 亩以上种植条件严重毁坏或者严重污染。多次实施本解释规定的行为依法应当追诉的，或者一年内多次实施本解释规定的行为未经处理的，按照累计的数量、数额处罚。“数量较大，造成林地大量毁坏”是指非法占用并毁坏防护林地、特种用途林地数量分别或者合计达到 5 亩以上，非法占用并毁坏其他林地数量达到 10 亩以上。

（2）《刑法》第四百一十条，“国家机关工作人员徇私舞弊，违反土地管理法规，滥用职权，非法批准征收、征用、占用土地，或者非法低价出让国有土地使用权，情节严重的，处 3 年以下有期徒刑或者拘役；致使国家或者集体遭受特别重大损失的，处 3 年以上 7 年以下有期徒刑。”

根据最高人民法院司法解释（法释〔2000〕14 号），非法批准征收、征用、占用土地“情节严重”是指：非法批准征收、征用、占用基本农田 10 亩以上；非法批准征收、征用、占用基本农田以外的耕地 30 亩以上；非法批准征收、征用、占用其他土地 50 亩以上；虽未达到上述数量标准，但非法批准征收、征用、占用土地造成直接经济损失 30 万元以上，造成耕地大量毁坏等恶劣情节。“致使国家或者集体遭受特别重大损失”是指：非法批准征收、征用、占用基本农田 20 亩以上；非法批准征收、征用、占用基本农田以外的耕地 60 亩以上；非法批准征收、征用、占用其他土地 100 亩以上；非法批准征收、征用、占用土地，造成基本农田 5 亩以上，其他耕地 10 亩以上严重毁坏的；非法批准征收、征用、占用土地造成直接经济损失 50 万元以上等恶劣情节。

根据最高人民法院司法解释（法释〔2005〕15 号），非法批准征收、征用、占用林地，“情节严重”是指：非法批准征收、征用、占用防护林、特种用途林地数量分别或者合计达到 10 亩以上；非法批准征收、征用、占用其他林地数量达到 20 亩以上；非法批准征收、征用、占用林地造成直接经济损失数额达到 30 万元以上等。“致使国家或者集体遭受特别重大损失”是指：非法批准征收、征用、占用防护林、特种用途林地数量分别或者合计达到 20 亩以上；非法批准征收、征用、占用其他林地数量达到 40 亩以上；非法批准征收、征用、占用林地造成直接经济损失数额达到 60 万元以上等。

三、耕地保护制度

（一）基本农田保护制度

根据《土地管理法》，国务院于 1998 年 12 月 27 日发布了《基本农田保护条例》，确立了基本农田保护制度。

（1）基本农田与基本农田保护区含义。基本农田，是指按照一定时期人口和社会经济发展对农产品的需求，依据土地利用总体规划确定的不得占有的耕地。基本农田保护区，是指为对基本农田实行特殊保护而依据土地利用总体规划和依照法定程序确定的特定保护区域。

（2）基本农田保护区范围。依照《土地管理法》第三十四条规定："下列耕地应当划入基本农田保护区：①经国务院有关主管部门或者县级以上地方人民政府批准的粮、棉、油生产基地内的耕地；②有良好的水利与水土保持设施的耕地，正在实施改造计划以及可以改造的中、低产田；③蔬菜生产基地；④农业科研、教学试验田；⑤国务院规定应当划入基本农田保护区的其他耕地。"

《土地管理法》规定："各省、自治区、直辖市划定的基本农田应当占本行政区域内耕地的80%以上"；"非农业建设必须节约使用土地，可以利用荒地的，不得占用耕地；可以利用劣地的，不得占用好地"。

《基本农田保护条例》还规定了三项禁止性条款：一是禁止任何单位和个人在基本农田内建窑、建房、建坟、挖沙、采石、取土或者进行其他破坏基本农田的活动；二是禁止占用基本农田发展林果业和挖塘养鱼；三是禁止任何单位和个人闲置、荒芜基本农田。

（二）耕地占补平衡制度

《土地管理法》规定，非农业建设经批准占用耕地的，按照"占多少，垦多少"的原则，由占用耕地单位负责开垦与所占用耕地的数量和质量相当的耕地；没有条件开垦或者开垦耕地不符合要求的，应当按照省、自治区、直辖市的规定缴纳耕地开垦费，专款用于开垦新的耕地。"县级以上地方人民政府可以要求占用耕地的单位将所占用耕地耕作层的土壤用于新开垦耕地、劣质地或者其他耕地的土壤改良"。

四、土地整理和复垦制度

（一）土地整理

土地整理是指人们为了一定的目的，依据规划对土地进行调整、安排和整治的一种活动，以利于合理组织土地利用、理顺土地关系。它是改善土地生产和生态环境、提高土地集约利用程度，保障土地永续利用的有效措施。县、乡（镇）人民政府应当组织农村集体经济组织，按照土地利用总体规划，对田、水、路、林、村综合整治，改造中、低产田，整治闲散地和废弃地，提高耕地质量，增加有效耕地面积，改善农业生产条件和生态环境。

土地整理项目立项有严格的程序规定，要先后经过项目申报、入库审查、备案审查、项目设计与预算、投资计划和预算建议的编报、审查等阶段。立项后，编写土地整理规划设计（含预算），待规划设计评审通过后，政府下拨财政扶持资金，经招投标程序，确定施工单位，开工令下达后，施工单位组织施工，工程完成后，政府组织检查验收。目前我国土地整理的主要模式有农村土地利用的“三个集中”模式（即居住向城镇集中、工业向园区集中、农地向规模集中）、山区综合开发整治模式、农地整理模式、村庄整理模式等。

（二）土地复垦

土地复垦是恢复工矿废弃土地的利用。废弃地包括采煤塌陷地、矸石山、露天采矿场、排土场、尾矿场、砖瓦窑取土坑等各种被破坏的土地。土地复垦不仅要恢复土地生产能力，同时要改善人们的生产、生活环境。本着“谁破坏、谁复垦”的原则，依法进行土地复垦，复垦工作必须与矿业生产建设统一规划，同步进行。敦促采矿企业及时足额缴纳矿山环境治理保证金。要及时复垦工矿建设新增的废弃地，无力复垦的单位和个人要依法缴纳土地复垦费。

要制定鼓励复垦历史遗留的工矿废弃地政策，以还清历史旧账，发挥其利用效益。复垦的土地应当优先用于农业，遵循适宜性和经济合理性原则，宜耕则耕，宜林则林，宜牧渔则牧渔，宜建则建，分别复垦利用。

第五节　农村宅基地政策与法规

一、宅基地使用权

（一）宅基地使用权的含义及特点

宅基地，顾名思义，就是盖住宅用的地。宅基地使用权是经依法审批由农村集体经济组织分配给其成员用于建造住宅的没有使用期限制的集体土地使用权。宅基地使用权具有以下特点。

（1）依法取得。农村村民获得宅基地的使用权，必须履行完备的申请手续，经有关部门批准后才能取得。

（2）永久使用。宅基地使用权没有期限，由农民永久使用。可在宅基地上建造房屋、厕所等建筑物，并享有所有权；在房前屋后种植花草、树木，发展庭院经济，并对其收益享有所有权。

（3）随房屋产权转移。宅基地的使用权依房屋的合法存在而存在，并随房屋所有权的转移而转移。房屋因继承、赠与、买卖等方式转让时，其使用范围内的宅基地使用权也随之转移。在买卖房屋时，宅基地使用权须经过申请批准后才能随房屋转移。

（4）受法律保护。依法取得的宅基地使用权受国家法律保护，任何单位和个人不得侵犯。否则，宅基地使用权人可以请求侵害人停止侵害、排除妨碍、返还占用、赔偿损失。

（二）农村宅基地的法律法规

目前我国尚没有规范农村宅基地的专门法规，有关宅基地的法律规定，在《土地管理法》《中华人民共和国民法通则》《中华人民共和国物权法》（以下简称《物权法》）中均有涉及，各省的《农村宅基地管理办法》在实践中发挥了巨大作用。为进一步加强农村宅基地管理，正确引导农村村民住宅建设，合理、节约使用土地，切实保护耕地，国土资源部2004年颁布了《关于加强农村宅基地管理的意见》。

二、宅基地的申请

农村村民一般是在原有的宅基地上拆旧建新或者是申请新的宅基地，独立建造自家的房屋。我国现行的《土地管理法》第六十二条规定："农村村民一户只能拥有一处宅基地。"国土资源部《关于加强农村宅基地管理的意见》第（五）项规定："严格宅基地申请条件。坚决贯彻'一户一宅'的法律规定。农村村民一户只能拥有一处宅基地，面积不得超过省（区、市）规定的标准。各地应结合本地实际，制定统一的农村宅基地面积标准和宅基地申请条件。不符合申请条件的不得批准宅基地。"对于由于房产继承等原因形成的多处住宅，原则上不作处理，村民可以采用出卖等方式处理，也可以维持现状。

（一）申请宅基地的条件

可以依法申请农村宅基地的人通常情况下只能为农村村民，而且专指本集体经济组织的成员。农村村民将原有住房出卖、出租或赠与他人后，不可以再申请宅基地。非本村集体经济组织成员或者是城镇居民一般不允许申请宅基地。当然也存在特殊情况。在有些地方，如果经过村民大会同意以及经过相关政府的严格批准后，某些特殊的、非本村村民的其他人也可以申请获得宅基地。例如，《山西省实施〈中华人民共和国土地管理法〉办法》规定，集体经济组织招聘的技术人员在本村落户的可以申请使用宅基地。

（二）申请宅基地的程序

村民申请宅基地要依照下列程序办理申请用地手续。

（1）申请宅基地的村民先向所在地村农业集体经济组织或村民委员会提出建房申请。

（2）村民大会或者村民委员会对申请进行讨论，在表决通过后，上报乡（镇）人民政府审核或者按规定办理批准手续。

（3）政府办理批准手续。占用原宅基地、村内空闲地等非耕地的一般报乡（镇）人民政府审核批准；占用耕地的，由乡镇人民政府审核，经县人民政府土地管理部门审查同意，报县人民政府批准。

（4）由乡镇土地管理所按村镇规划定点划线，准许施工。

（5）房屋竣工后，经有关部门检查验收符合用地要求的，发给集体土地使用证。

三、宅基地及宅基地使用权的流转

农村的土地归集体所有，分配给农民的宅基地，村民只有使用权，而没有所有权，其转让一般随房屋一起转让。宅基地使用权的流转是指宅基地使用权人将其享有的宅基地使用权转让给他人使用，受让人支付价款的法律行为。根据《土地管理法》的规定，土地使用权可以依照法律规定转让，具体转让程序由国务院制定。

宅基地流转的方式主要有以下几种：交换、转让、租赁、入股、赠与等。根据《物权法》第一百五十五条规定："已经登记的宅基地使用权转让或者灭失的，应当及时办理变更登记或者注销登记。"

四、宅基地的继承和收回

（一）宅基地的继承

由于公民对宅基地只有使用权而没有所有权，所以单独宅基地不能继承。但建造在宅基地上的房屋产权属于公民自有，可以继承，按照我国法规规定的“地随房走”原则，可以根据房屋所有权的变更而继续使用宅基地，村集体经济组织是不会也不应该强行要求村民拆除房屋将宅基地腾退出来的。

（二）宅基地的收回

农民依法取得的宅基地受法律保护，集体经济组织不得随意或者擅自收回农民的宅基地。但在下列情况下，集体经济组织是可以收回农民宅基地的。

（1）为乡（镇）村公共设施和公益事业建设，需要使用农民宅基地的。

（2）不按照批准的用途使用宅基地。

（3）因住宅迁移等原因而停止使用宅基地。属于第一种情况收回农民宅基地的，对土地使用权应当给予适当的补偿。

另外，1995 年国家土地管理局公布的《确定土地所有权和使用权的若干规定》第五十二条规定：“空闲或房屋坍塌、拆除两年以上未恢复使用的宅基地，不确定土地使用权。已经确定使用权的，由集体经济组织报经县级人民政府批准，注销其土地登记，土地由集体经济组织收回。”

五、宅基地纠纷的解决

宅基地的纠纷主要有两大类：一类是宅基地使用权确权纠纷；另一类是宅基地使用权的侵权纠纷。确权纠纷，是指确认宅基地使用权权属的纠纷，例如因宅基地地界不清引发的纠纷、宅基地手续不合法引发的纠纷等。侵权纠纷，是指在权属明确的情况下，一方侵犯了另一方宅基地合法的使用权引发的纠纷，例如邻居侵占了自己的宅基地等。

（一）宅基地使用权确权纠纷的解决

现行《土地管理法》第十六条规定：“土地所有权和使用权争议，由当事人协商解决；协商不成的，由人民政府处理。

单位之间的争议，由县级人民政府处理。个人之间、个人与单位之间的争议，由乡级人民政府或者县级以上人民政府处理。当事人对有关人民政府的处理决定不服的，可以自接到处理决定通知之日起30日内，向人民法院起诉。在土地所有权和使用权争议解决前，任何一方不得改变土地利用现状。”宅基地使用权确权的纠纷，不能直接向人民法院提起诉讼，而应当先提交土地行政机关处理。

（二）宅基地使用权侵权纠纷的解决

宅基地使用权侵权纠纷，是在权属明确的情况下，即宅基地使用权已经经过土地行政机关的确权登记，一方侵犯了另一方宅基地合法的使用权引发的纠纷，这类纠纷可以通过和解、调解的方式解决，也可以直接向人民法院提起诉讼。

六、宅基地以外的其他集体建设用地

（一）兴办乡镇企业用地

兴办乡镇企业用地是指使用本集体经济组织农民集体所有的土地进行乡镇企业建设的，包括乡（镇）、村（或村民小组）两级农业集体经济组织举办的企业、农民集资联办的企业、农民个体企业以及农民集体与其他单位和个人联办的企业使用本集体所有的土地。但不允许乡（镇）企业使用村或村民小组所有的土地，村办企业也不能使用村民小组或者其他村集体所有的土地。

兴办乡镇企业用地，应当持有关批准文件向县级以上地方人民政府土地行政主管部门提出申请，按照省、自治区、直辖市规定的批准权限，由县级以上地方人民政府批准。涉及占用农用地的，应当先办理农用地转用手续；涉及农民承包的土地，应当由农村集体经济组织对承包经营者予以安置。

（二）乡（镇）村公共设施、公益事业建设用地

乡（镇）村公共设施、公益事业建设用地包括农村道路、水利设施、学校、通信、医疗卫生、敬老院、幼儿园、乡村行政办公、文化科技、生产服务和公益事业、防洪设施等。这类用地由农民集体经济组织或村民委员会提出，经乡（镇）人民政府审核后，向县级以上人民政府土地行政主管部门申请，按省、自治区、直辖市规定的批准权限批准。

【小案例】

用赠与的宅基地建房能否取得房产

原告李某曾在某县某村宅基地上建起一栋二层土木结构房屋，其家庭成员属农业户口。2016 年 7 月原告李某与被告张某分别签订了《房屋土地赠与协议书》《赠与书》。并经该县公证处公证。协议约定：李某自愿将其坐落于本村的一半宅基地使用面积 115 平方米及宅基地上的旧房屋赠与被告，同意被告在所赠与的房屋土地范围内拆旧建新。同年 7 月 1 日、7 月 15 日原告分别填写《拆旧建新个人建房申请表》《城镇个人建造私有住宅申请表》获得批准拆旧建新。后被告将整栋房子拆除并筹资动工新建新房，按约定原告获得了三间店面、三套住房，被告占有两间店面三套住房。现原告对被告所占有的两间店面、三套住房财产权属有纠纷而诉诸法院。

在审理本案过程中，对被告占有两间店面和三套住房的处置问题存在较大分歧，主要有以下三种意见。

第一种意见认为：原告李某将只有使用权的宅基地赠与给被告违背了《中华人民共和国宪法》和《土地管理法》的有关规定，因认定该赠与协议无效。由于《拆旧建新个人建房申请表》《城镇个人建造私有住宅申请表》均是以李某的名义申请的，那么该宅基地上的店面、住房所有权应归原告所有，由原告补偿被告全部的经济损失。

第二种意见认为：农村的宅基地属于集体所有，本集体经济组织成员只享有使用权，土地的使用者对该土地的使用权不享有转让、赠与等自由处分权，因此原告李某与被告的赠与协议恶意损害了集体的利益，被告在原告赠与宅基地上所建店面和住房应收归集体所有。

第三种意见认为：原告以其享有使用权的宅基地与被告投资的行为符合联建合同一方出资，一方出地，房屋建成后，按投资比例分配房屋，双方共同投资，共担风险，共享收益的特征。原告李某与被告的所签的协议，名为赠与协议，实为联建合同。故被告基于联建合同的约定取得房产。

笔者同意第三种观点。本案中原告与被告所签订的《赠与协议》的性质属于联建合同，原告以其享有的宅基地使用权出资并未违反有关法律法规的强制性规定，其与被告所订立的联建合同是双方意识一致的结果，因此该联建合同合法有效。依据联建合同的约定，原告以其享有的宅基地使用权出资，并依此取得三间店面、三套住房的收益，被告按照协议的约定取得两间店面三套住房的产权。

第三章　农业补贴政策

我国农业补贴种类繁多，本章系统总结了农业四大补贴政策、新型经营主体新增补贴和农业补贴的调整政策。

四大补贴政策：一是种粮农民直接补贴。补贴对象是全国种粮农民，不同省、自治区、直辖市补贴品种、方式、标准有所差异。二是农资综合补贴。每年的补贴标准会根据农资涨价幅度、粮价变化水平和财政补贴力度等因素确定。这两种补贴都是通过“一折通”或“一卡通”直接发放到种粮农民手中。三是良种补贴。不同作物、养殖品种补贴范围、补贴标准不同。补贴对象是生产中使用良种的农民，每年国家也会根据具体情况调整补贴标准。四是农机具购置补贴。目前全国所有农牧业县（场）全覆盖，购买和更新大型农机具的农民个人、农场职工、农机专业户和直接从事农业生产的农机服务组织都能得此补贴。

我国对新型农业经营主体进行新增补贴。对家庭农场的补助扶持包括登记扶持、土地承包经营权流转奖补、信贷服务扶持、农业保险保费补贴和耕地保护与质量提升补助；对农民专业合作社的补助扶持包括产业政策倾斜和财政扶持政策；对农业企业的补助扶持包括财政扶持、税收优惠、金融扶持和特殊政策；对社会化服务组织的补助扶持包括测土配方施肥补助、农业生产全程社会化服务试点等。

农业补贴政策的调整包括：一是“三补合一”政策，即将农业“三项补贴”合并为“农业支持保护补贴”。二是加大生产大县奖励补贴力度，包括产粮（油）大县奖励、生猪大县奖励，奖励资金用于支持粮食、油料生产、生猪养殖和产业发展。三是农产品目标价格政策。四是粮食适度规模经营补贴，支持对象为主要粮食作物的适度规模生产经营者，重点向种粮大户、家庭农场、农民合作社、农业社会化服务组织等新型经营主体倾斜，体现“谁多种粮食，就优先支持谁”。五是适时提高小麦、水稻最低收购价水平。

第一节　四大补贴政策

我国出台的农业补贴政策中，最常见的是粮食直补、农资综合补贴、良种补贴、农机购置补贴。这 4 项补贴实施时间长、涉及面广、发放数量大，与农民的切身利益关系最为密切。

一、种粮农民直接补贴

（一）出台背景

为了应对粮食生产成本增加、种粮效益降低、全国粮食种植面积下滑的形势，中央出台了粮食直接补贴政策。粮食直接补贴政策将原来在流通环节通过保护价收购方式对农民提供间接补贴，改为以一定方式和标准向种粮农民提供“直接补贴”，由原来的“暗补”改为“明补”。

粮食直接补贴是指对种粮农民直接补贴，原则上按粮食种植面积把粮食补贴直接落实到种粮农户手中，实现对种粮农民利益的直接保护。

2016 年中央财政继续实行种粮农民直接补贴，安排补贴资金 140.5 亿元。

（二）实施范围

粮食主产省（自治区）必须在全省（自治区）范围内实行对种粮农民的直接补贴（包括国有农场），其他省（自治区、直辖市）也要比照主产省（自治区）的做法实施，具体实施范围由省级人民政府根据本省实际情况自行决定。主要包括4种方式。

（1）各省根据粮食产量等一系列标准确定本省的粮食主产县，然后以主产县为单位，按照前5年由国有粮食购销企业按照保护价收购的粮食平均数为基数，核算补贴标准，将本省补贴资金在各县分解，原则上一个县执行统一标准给农民发放补贴。

（2）在省（直辖市）内按照一定的粮食种植规模进行补贴。

（3）不分主产县、产粮大户，对全省种粮农民全部进行补贴。

（4）对向国家交售粮食的农户进行补贴，凭借粮食收购凭证和合同才能领取补贴。

（三）补贴方式与标准

我国粮食直补政策对补贴方式有明确的规定，主要有3种方式：一是按"实际种植面积"进行补贴；二是按"计税面积"进行补贴；三是按"计税常产面积"进行补贴。具体采用哪种补贴方式，由各省根据本省的实际情况自行决定。除此以外，还可以按照农民交售的商品粮量进行补贴，一些非粮食主产区采用这种补贴方式，如新疆对将粮食卖给国有粮食购销企业的农户进行额外的补贴；福建的种粮农民与国有粮食部门签订订单，把粮食卖给国家后，凭借售粮合同就可以获得粮食补贴。

根据不同的补贴方式，粮食直接补贴的标准也不相同。主要可分为两类：一是以粮食单位种植面积来算，即每亩补贴多少元；二是以粮食产量或粮食出售量来算，即每千克补贴多少元。每年各省会根据本地的实际情况对补贴标准进行调整，需要查阅各地农业部门相关信息获得最新的补贴标准。以粮食单位种植面积来补的执行标准为：小麦10元/亩，玉米5元/亩，薯类5元/亩，杂粮25元/亩。

（四）发放方式

补贴资金的发放方式为“一卡通”或“一折通”发放，即粮食直接补贴资金从财政局到银行，然后直接转到农户手中。

（五）不予补贴的范围

（1）未经国家有关部门批准，在私自新开垦的农田中种植的粮食作物，不给补贴。

（2）在已经实施退耕还林项目的地块内种植的粮食作物，不给补贴。

（3）在经济作物中套种粮食作物的，不给补贴。

（4）在河滩、滩涂、渠灌内种植的粮食作物，不给补贴。

（六）粮食主产省的具体实施情况

补贴资金：粮食主产区各省粮食直补金额差别较大，排在前三位的是黑龙江、吉林、河南，三省的粮食直补金额均超过11亿元，而同属粮食主产区，内蒙古的粮食直补金额却比黑龙江少很多。

补贴品种：粮食主产区各省地区差异明显，南方省份主要补贴水稻，北方省份主要补贴小麦、玉米等，而东北三省补贴范围更加广泛，主要包括小麦、玉米、水稻、大豆等。

补贴标准：东部地区补贴标准最高、中部次之、西部最低。

补贴方式：粮食主产区大部分省按“实际种植面积”补贴。

二、农资综合补贴

（一）出台背景

为了应对农业生产资料价格上涨给农民带来的种粮成本增加的问题，2006年国家在粮食直补政策的基础上出台了农资综合补贴政策，对种粮农民在柴油、化肥、农药、农膜等农业生产资料的增支实施直接补贴，用于稳定农民种粮收益，提高广大种粮农民的生产积极性。在农资价格上涨较快的背景下，2009 年，国家相关部门又提出进一步完善农资综合补贴动态调整机制，遵循“价补统筹、动态调整、只增不减”的原则及时安排和增加补贴资金，合理弥补种粮农民增加的农业生产资料成本。

2016 年中央财政继续实行种粮农民农资综合补贴，农资综合补贴资金1 071亿元。

小知识

农资综合补贴是指政府对种粮农民购买农业生产资料（包括化肥、柴油、农药、农膜等）实行的一种直接补贴制度。

（二）补贴对象

所有纳入农业税收政策性调整的种粮农民。

（三）补贴标准

每年中央财政统筹考虑农资涨价幅度、粮价变化水平和财政补贴力度等因素，确定补贴标准。2016 年，农资综合补贴执行的补贴标准为：小麦 60 元/亩，玉米、薯类和杂粮均为 44 元/亩，补贴面积依据“上年实际种植面积”进行补贴。

（四）发放方式

农资综合补贴不仅大部分资金分配、核定办法与种粮农民直接补贴相同，而且资金管理和发放渠道也与种粮农民直接补贴相同。主要采取村级公示、档案管理、“一折通”或“一卡通”发放等方式确保补贴资金及时足额地发放到种粮农民手中。

（五）不予补贴的范围

（1）未经国家有关部门批准，在私自新开垦的农田中种植的粮食作物，不给补贴。

（2）在已经实施退耕还林项目的地块内种植的粮食作物，不给补贴。

（3）在经济作物中套种粮食作物的，不给补贴。

（4）在河滩、滩涂、渠灌内种植的粮食作物，不给补贴。

三、良种补贴

良种补贴又称良种推广补贴，是中央财政为扶持农民生产选用优良品种及配套栽培技术、降低农民用种成本、增加农民收入而提供的资金补贴。

（一）农作物良种补贴

1. 补贴范围

（1）水稻、小麦、玉米、棉花良种补贴实现 31 省（自治区、直辖市）全覆盖。

（2）大豆在辽宁、吉林、黑龙江、内蒙古实行良种补贴。

（3）油菜在江苏、浙江、安徽、江西、湖北、湖南、重庆、四川、贵州、云南及河南信阳、陕西汉中和安康实行冬油菜良种补贴。

（4）青稞在四川、云南、西藏、甘肃和青海等省、自治区的藏区实行良种补贴。

（5）马铃薯、花生在内蒙古、甘肃、河北和山东等主产区实行良种补贴试点。

2. 补贴对象

对生产中使用农作物良种的农民（含农场职工）给予补贴。对土地承包人租赁土地给别人种植或者由别人代种使用农作物良种的，按“谁种植谁享受补贴”的原则，补贴资金直接发放给承租人或者代种人。

3. 补贴标准

不同作物的补贴标准不同，不同地域的补贴标准也存在差异。每年国家也会根据具体情况调整补贴标准。根据2016年公布的最新政策显示，小麦、玉米、大豆、油菜、青稞每亩补贴10元，其中新疆地区的小麦良种每亩补贴15元；水稻、棉花每亩补贴15元；马铃薯一、二级种薯每亩补贴100元；花生良种繁育每亩补贴50元、大田生产每亩补贴10元。

4. 发放流程

良种补贴发放流程见下图。

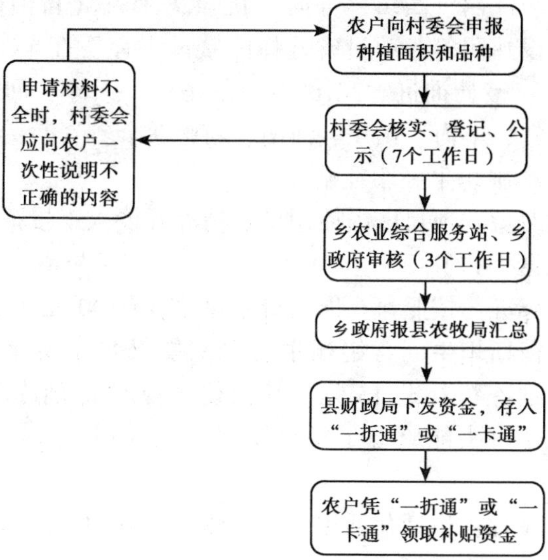

图　良种补贴发放流程

（二）畜牧良种补贴

畜牧良种补贴是国家为扶持引导畜牧养殖户认识良种、使用良种，提高生产效率，增加经济收入而实施的一项支农惠农政策。补贴资金从最初的1 500万元增加到2015年的12亿元，补贴畜种从奶牛逐步扩大到生猪、肉牛、绵羊、山羊、牦牛5大畜种，2017年国家继续实施畜牧良种补贴政策。

1. 奶牛良种补贴

补贴范围：我国于2005年对奶牛实施畜牧良种补贴，目前荷斯坦牛（含娟姗牛）良种补贴在全国范围实施，奶水牛良种补贴在福建、河南、湖北、湖南、广西壮族自治区（以下简称广西）、贵州、云南7个省（自治区）选择项目基础条件好、能繁母牛存栏在3 000头以上的县（市）整县推进，乳用西门塔尔牛、褐牛、牦牛和二河牛良种补贴在内蒙古、吉林、安徽、江西、四川、青海、新疆7个省（自治区）及新疆生产建设兵团等各项目省选择能繁母牛存栏在5 000头以上的县（市）整县推进。2016年，在北京、天津、河北、内蒙古、黑龙江、上海、山东、河南、新疆9个省（自治区、直辖市）试点实施奶牛胚胎补贴。

补贴对象：项目区内使用良种精液开展人工授精的奶牛养殖场（小区、户）。

补贴标准：按照每头能繁母牛每年补贴30元或20元。除水牛外，荷斯坦牛（含娟姗牛）每头能繁母牛每年使用2剂冻精，每剂冻精补贴15元，其他奶牛品种每剂冻精补贴10元。奶水牛每头能繁母牛每年使用3剂冻精，每剂冻精补贴10元。

补贴品种：包括荷斯坦牛、娟姗牛、乳用西门塔尔牛、褐牛、牦牛和三河牛等品种。

2. 生猪良种补贴

补贴范围：我国于2007年对生猪实施畜牧良种补贴，在天津、河北、山西、内蒙古、辽宁、吉林、黑龙江、江苏、浙江、安徽、福建、江西、山东、河南、湖北、湖南、广东、广西、海南、重庆、四川、贵州、云南、陕西、甘肃、宁夏 26 个省（自治区、直辖市）及黑龙江农垦和广东农垦等各项目省选择能繁母猪在 2 万头以上、生猪人工授精覆盖率在 50%以上的县（市、区）实施。2016 年国家继续实施畜牧良种补贴政策。

补贴对象：项目区内使用良种精液开展人工授精的母猪养殖场（小区、户）。

补贴标准：按照每头能繁母猪每年使用 4 份精液，每份精液补贴 10 元。

补贴品种：包括杜洛克猪、长白猪、大约克夏猪等国家批准的引进品种，以及培育品种（配套系）和地方品种。

3. 肉牛良种补贴

补贴范围：我国于 2009 年对肉牛实施畜牧良种补贴，目前在河北、山西、内蒙古、辽宁、吉林、黑龙江、江苏、安徽、江西、山东、河南、湖北、湖南、广西、重庆、四川、贵州、云南、山西、甘肃、宁夏、新疆 22 个省、自治区、直辖市及新疆生产建设兵团等各项目省选择存栏能繁母牛 5 000 头以上的县（市）实施。2016 年国家继续实施肉牛良种补贴政策。

补贴对象：项目区内使用良种精液开展人工授精的肉牛养殖场（小区、户）。

补贴标准：按照每头能繁母牛每年使用 2 份精液，每份精液补贴 5 元。

补贴品种：国家批准引进和自主培育的肉牛品种，以及优良地方品种。

4. 绵羊、山羊良种补贴

补贴范围：我国于 2009 年、2011 年相继对绵羊、山羊实施畜牧良种补贴，目前在河北、内蒙古、辽宁、吉林、黑龙江、安徽、山东、河南、湖北、湖南、广西、四川、贵州、云南、西藏、甘肃、青海、宁夏、新疆19个省、自治区及新疆生产建设兵团和黑龙江农垦等各项目省选择能繁母羊存栏2万只以上的县（市）实施。2016年国家继续实施种公羊补贴政策。

补贴对象：项目县内存栏能繁母羊30只以上的养殖户。

补贴标准：绵羊、山羊种公羊每只一次性补贴800元。

补贴品种：国家批准引进和自主培育的绵羊、山羊品种，以及优良地方品种。

5. 牦牛良种补贴

补贴范围：我国于2011年对牦牛实施畜牧良种补贴，目前在四川、西藏、甘肃、青海、新疆5个项目省（自治区）实施，项目县的选择由项目区省级畜牧兽医主管部门结合本地实际确定。2016年国家继续实施牦牛补贴政策。

补贴对象：项目县内牦牛能繁母牛25头以上的养殖户。

补贴标准：牦牛种公牛一次性补贴2 000元/头。

补贴品种：国家批准引进和自主培育的牦牛品种，以及优良地方品种。

（三）不予补贴的范围

（1）没有使用国家规定农作物品种的，不给补贴。

（2）没有达到国家规定养殖规模的，不给补贴。

（3）没有购买国家规定优良品种的，不给补贴。

（4）配种没有成功或达不到配种要求的，不给补贴。

四、农机具购置补贴

农机具购置补贴是指中央财政为支持农民个人和直接从事农业生产的农机服务组织购买符合国家要求且经过农机鉴定机构检测合格的农业机械、提高农业机械化水平而提供的一种资金补贴。

（一）实施范围

农机具购置补贴始于 1998 年，于 2004 年上升为中央重大支农惠农政策，实施范围每年都会有所调整，2012 起已经实现了全国所有农牧业县（场）的全覆盖。

（二）补贴对象

农机具购置补贴的补贴对象包括购买和更新大型农机具的农民个人、农场职工、农机专业户和直接从事农业生产的农机服务组织。

（三）补贴标准

一般农机每档次产品补贴额原则上按不超过该档产品上年平均销售价格的 30%测算，单机补贴额不超过 5 万元；挤奶机械、烘干机单机补贴额不超过 12 万元；100 马力以上大型拖拉机、高性能青饲料收获机、大型免耕播种机、大型联合收割机、水稻大型浸种催芽程控设备单机补贴额不超过 15 万元；200 马力以上拖拉机单机补贴额不超过 25 万元；大型甘蔗收获机单机补贴额不超过 40 万元；大型棉花采摘机单机补贴额不超过60 万元。

不同地区农机购置补贴政策的实施方式略有不同，根据国家绒毛用羊产业技术体系产业经济研究团队 2014 年的调研情况来看，新疆巩留县对养殖户购进青储收割机、粉碎机、打捆机实行国家购机补贴 30%的基础上，再给予 20%的县级财政补助，也就是说，若一台机器 1 000 元，可享受国家补贴 300 元，县财政补贴 200 元。

（四）补贴种类

每年农业部根据全国农业发展需要和国家产业政策，并充分考虑各省地域差异和农牧业机械发展实际情况，确定补贴机具种类。2016 年补贴种类共计 11 大类 43 个小类 137 个品目。

粮食主产省要选择粮食生产关键环节急需的部分机具品目敞开补贴，主要包括深松机、免耕播种机、水稻插秧机、机动喷雾喷粉机、动力（喷杆式、风送式）喷雾机、自走履带式谷物联合收割机（全喂入）、半喂入联合收割机、玉米收获机、薯类收获机、秸秆粉碎还田机、粮食烘干机、大中型轮式拖拉机等。棉花、油料、糖料作物主产省要对棉花收获机、甘蔗种植机、甘蔗收获机、油菜籽收获机、花生收获机等机具品目敞开补贴。

（五）兑付方式

实行“自主购机、定额补贴、县级结算、直补到卡（户）”的兑付方式，具体操作办法由各省制定。农民必须到由企业确定、省级农机化主管部门公布的补贴产品经销商那里去购买农机具，在购买过程中可以与经销商讨价还价，最后付账时只需要支付协商价格扣除补贴额之后的差价即可。

（六）不予补贴范围

（1）不是在中华人民共和国境内生产的农机具，不给补贴。

（2）没有获得部级或省级有效推广鉴定证书的农机具（新产品补贴试点除外），不给补贴。

（3）没有在明显位置固定标有生产企业、产品名称和型号、出厂编号、生产日期、执行标准等信息的永久性铭牌的农机具，不给补贴。

第二节　新型经营主体新增补贴

自2013年中央一号文件首次提出“新增补贴向专业大户、家庭农场、农民合作社等新型生产经营主体倾斜”以来，新型经营主体一下变成了“香饽饽”。为推动新型经营主体的发展，从中央到地方纷纷出台政策扶持。

一、对家庭农场的补助扶持

家庭农场是指以家庭成员为主要劳动力，从事农业规模化、集约化、商品化生产经营，并以农业为主要收入来源的新型农业经营主体。在美国和西欧一些国家，农民通常在自有土地上经营，也有的以租入部分或全部土地经营。农场主本人及其家庭成员直接参加生产劳动。早期家庭农场是独立的个体生产，在农业中占有重要地位。中国农村实行家庭承包经营后，有的农户向集体承包较多土地，实行规模经营，也被称为家庭农场。

（一）家庭农场登记扶持政策

一般而言，作为普通民事主体的个体工商户、个人独资企业、合伙企业和有限责任公司在登记时，需要按照有关规定缴纳费用。从目前来看，家庭农场登记在部分地区明确规定免收费用。如河南、山东等地明文规定家庭农场登记免收注册登记费、验照年检费和营业执照工本费；江苏宿迁还出台了家庭农场奖补政策，对在工商部门注册登记、取得营业执照，并经市农业主管部门认定的从事粮食种植的家庭农场，一次性给予补助 10 万元，用于支持家庭农场新建水泥晒场和仓储设施。

（二）土地承包经营权流转奖补

各地政府积极促进土地承包经营权向家庭农场流转，如上海、安徽、山东等地均出台了相关政策文件。以上海为例，该市开展了现代农业组织化经营专项奖补试点，对从事粮食生产、种植面积在 100 亩以上、并与自身生产经营能力相匹配的家庭农场，由市、区县财政分别给予每亩 100 元的专项补贴。补贴资金由市财政局拨付给试点区财政局，并由区财政配套后，将市、区县两级奖补资金一并拨付至承包农户一折通（一卡通）账户。

（三）信贷服务扶持

根据2013年中国农业银行发布的《中国农业银行专业大户（家庭农场）贷款管理办法（试行）》的相关规定，单户贷款额度最高可到1 000万元；在贷款用途上，除了满足客户购买农业生产资料等流动性资金需求外，还可以用于农田基本设施建设和支付土地流转费用，贷款期限最长可达5年。除了银行出台政策外，地方政府也在积极完善信贷服务。如青岛市平度市支持新型农业经营主体以土地经营权抵押融资。

（四）农业保险保费补贴

补贴品种：中央财政提供农业保险保费补贴的品种主要有15个，分别是玉米、水稻、小麦、棉花、马铃薯、油料作物、糖料作物、能繁母猪、奶牛、育肥猪、天然橡胶、森林、青稞、藏系羊、牦牛等。

补贴比例：对于种植业保险，中央财政对中西部地区补贴40%，对东部地区补贴35%，对新疆生产建设兵团、中央直属垦区、中储粮北方公司、中国农业发展集团公司（以下简称“中央单位”）补贴65%，省级财政至少补贴25%。对能繁母猪、奶牛、育肥猪保险，中央财政对中西部地区补贴50%，对东部地区补贴40%，对中央单位补贴80%，地方财政至少补贴30%。对于公益林保险，中央财政补贴50%，对大兴安岭林业集团公司补贴90%，地方财政至少补贴40%；对于商品林保险，中央财政补贴30%，对大兴安岭林业集团公司补贴55%，地方财政至少补贴25%。

补贴区域：中央财政农业保险保费补贴政策覆盖全国，地方可自主开展相关险种。

（五）耕地保护与质量提升补助

国家鼓励和支持种粮大户、家庭农场等新型农业经营主体及农民还田秸秆，加强绿肥种植，增施有机肥。一是全面推广秸秆还田综合技术。在南方稻作区，主要解决早稻秸秆还田影响晚稻插秧抢种的问题。在华北地区，主要解决玉米秸秆量大，机械粉碎还田后影响下茬作物生长、农民又将粉碎的秸秆搂到地头焚烧的问题。根据不同区域特点，推广应用不同秸秆还田技术模式。二是加大地力培肥综合配套技术应用力度。集成秸秆还田、增施有机肥、种植肥田作物、施用土壤调理剂等地力培肥综合配套技术，在开展补充耕地质量验收评定试点工作和建设高标准农田面积大、补充耕地数量多的省份大力推广应用。三是加强绿肥种植示范区建设。主要在冬闲田、秋闲田较多，种植绿肥不影响粮食和主要经济作物发展的地区，设立绿肥种植示范区。

二、对农民专业合作社的补助扶持

（一）产业政策倾斜

《中华人民共和国农民专业合作社法》（以下简称《农民专业合作社法》）第四十九条规定，国家支持发展农业和农村经济的建设项目，可以委托和安排有条件的有关农民专业合作社实施。只要适合农民专业合作社承担的涉农项目，都应将农民专业合作社纳入申报范围，明确申报条件。

1. 申报条件

农民专业合作社承担相关涉农项目应具备以下条件。

（1）经工商行政管理部门依法登记并取得农民专业合作社法人营业执照。

（2）有符合法律、法规规定的组织机构、章程和财务管理等制度。

(3) 经营状况和信用记录良好。

(4) 符合有关涉农项目管理办法(指南)规定的各项条件。

2. 申报程序

符合条件的农民专业合作社可以按照政府有关部门项目指南的要求,向项目主管部门提出承担项目申请,经项目主管部门批准后实施。

3. 申报优势

(1) 合作社重点享受国家政策倾斜。国家各项惠农政策的扶持主体正逐渐从农业企业向农民专业合作社倾斜。

(2) 合作社拥有“对话政府”的权利。合作社项目申报间接拥有着与政府直接对话的权利。因为合作社直接代表农民群体,与政府的关系是指导、扶持和服务的关系,不是领导与被领导的关系。合作社主管部门以项目申报标准和要求指导合作社规范化、规模化发展,合作社通过项目申报向政府反映生产经营状况、社员合作关系、农民的基本诉求。

(3) 合作社项目申报门槛低,机会大。合作社相比公司申报项目,成功机会更大。国家各项惠农政策不断往农民专业合作社倾斜,扶持项目逐年增加,扶持资金逐年增长,合作社受益范围随之扩大。

(4) 申报材料简易,编撰难度低。相关部门充分考虑合作社的特殊情况,最大限度地简化了合作社申报项目的材料要求。

(二) 财政扶持政策

1. 优先获得农机购置补贴

国家明确规定农民专业合作社购买农机具优先给予补贴。

2. 提高省储粮交售奖励标准

在省储粮交售奖励上,我国部分地区也重点扶持农民专业合作社，奖励标准比一般农户要高。

3. 发放“农机作业券”

有的地区以“农机作业券”形式支持农民专业合作社。如浙江省衢州市规定，对本区域应用水稻机械化插秧、油菜机械化收获作业的农户，给予每亩40元的补贴；对接受具有一定规模（服务面积达到500亩）以上的植保、粮食、农机等合作社病虫害统一防治的农户，给予每亩40元的补贴。上述补贴以“农机作业券”的形式发放，其中浙江省财政负担60%，市县负担40%。

4. 专项经费扶持

部分地区还对合作社加强自身建设提供经费支持。如重庆市涪陵区先后启动区级农民专业合作社示范补助项目和品牌建设奖励项目，对每个示范社给予5万元的财政补助，对通过无公害农产品、绿色食品、有机食品质量认证的合作社分别给予3万元、5万元和10万元的奖励。

5. 为合作社提供更优的服务

地方政府为合作社提供更多的技术服务和生产资料支持。如江西省樟树市通过零距离办证、上门技术服务、免费测土施肥等服务，使合作社享受到优于一般农户的服务和支持，同时当地农业局还免费向合作社提供良种，并经常向合作社赠送肥料等生产资料。

（三）金融扶持政策

《农民专业合作社法》第五十一条规定，国家政策性金融机构和商业性金融机构应当采取多种形式，为农民专业合作社提供金融服务。

（四）税收优惠政策

根据《财政部国家税务总局关于农民专业合作社有关税

收政策的通知》规定，对农民专业合作社的税收政策可按下列情况办理。

（1）对农民专业合作社销售本社成员生产的农业产品，视同农业生产者销售自产农业产品免征增值税。

（2）增值税一般纳税人从农民专业合作社购进的免税农产品，可按13%的扣除率计算抵扣增值税进项税额。

（3）对农民专业合作社向本社成员销售的农膜、种子、种苗、化肥、农药、农机，免征增值税。

（4）对农民专业合作社与本社成员签订的农业产品和农业生产资料购销合同，免征印花税。国家和地方每年都要设置一定的财政专项资金，用于支持农业产业化发展，其中就有对农业企业尤其是龙头企业扶持的资金。财政专项资金的使用主要体现在对农业企业的项目扶持上。

1. 农业综合开发产业化经营项目

其主要有经济林及设施农业种植、畜牧水产养殖等种植养殖基地项目，农产品加工项目，储藏保鲜、产地批发市场等流通设施项目。规定在工商部门注册1年以上、具备可持续经营能力的龙头企业，均可申报产业化经营项目。单个财政补助项目的财政资金申请额度不高于自筹资金额度，单个贷款贴息项目的贷款额度一般不高于1亿元人民币。申请额度下限由各省根据实际情况自行确定。

2. 菜果茶标准化创建项目

2016年继续开展园艺作物标准园创建，在蔬菜、水果、茶叶专业村实施集中连片推进，实现由“园”到“区”的拓展。在资金安排上，加大对种植大户、专业化合作社和龙头企业发展标准化生产的支持力度，推进蔬菜生产的标准化、规模化、产业化。

3. 畜牧标准化规模养殖项目

2014年，中央财政共投入资金38亿元支持发展畜禽标准化规模养殖。其中，中央财政安排25亿元支持生猪标准化规模养殖小区（场）建设，安排10亿元支持奶牛标准化规模养殖小区（场）建设，安排3亿元支持内蒙古、四川、西藏、甘肃、青海、宁夏、新疆以及新疆生产建设兵团肉牛肉羊标准化规模养殖场（小区）建设。支持资金主要用于养殖场（小区）水电路改造、粪污处理、防疫、挤奶、质量检测等配套设施建设等。2016年国家继续支持奶牛、肉牛和肉羊的标准化规模养殖。

4. 动物防疫补贴

对农业企业而言，一是重大动物疫病强制免疫疫苗补助，国家对高致病性禽流感、口蹄疫、高致病性猪蓝耳病、猪瘟、小反刍兽疫等动物疫病实行强制免疫政策；强制免疫疫苗由省级政府组织招标采购；疫苗经费由中央财政和地方财政共同按比例分担，养殖场不用支付强制免疫疫苗费用。二是畜禽疫病扑杀补助，国家对高致病性禽流感、口蹄疫、高致病性猪蓝耳病、小反刍兽疫发病动物及同群动物和布鲁氏菌病、结核病阳性奶牛强制扑杀给养殖者造成的损失予以补助，补助经费由中央财政、地方财政和养殖场按比例承担。三是养殖环节病死猪无害化处理补助，国家对年出栏生猪50头以上，对养殖环节病死猪进行无害化处理的生猪规模化养殖场（小区），给予每头80元的无害化处理费用补助，补助经费由中央和地方财政共同承担。四是生猪定点屠宰环节病害猪无害化处理补贴。国家对屠宰环节病害猪损失和无害化处理费用予以补贴，病害猪损失财政补贴标准为每头800元，无害化处理费用财政补贴标准为每头80元，补助经费由中央和地方财政共同承担。

5. “双百”市场工程

商务部于2006年启动了“双百”市场工程，支持100家大型农产品批发市场和100家大型农产品流通企业，建设或改造配送中心、仓储、质量安全、检验检测、废弃物处理及冷链系统等。政策支持方向是重点支持农产品批发市场进行冷链、质量安全可追溯、安全监控、废弃物处理等准公益性设施以及交易厅棚、仓储物流、加工配送、分拣包装等经营性设施建设和改造；支持农贸市场进行交易厅棚、冷藏保鲜、卫生、安全、服务等设施建设和改造。

6. 农产品现代流通综合试点

此项目于2011年开展，扶持方向是支持农产品批发市场改造升级，完善功能；支持农贸市场提档升级；支持大型连锁超市与从事鲜活农产品生产的农民专业合作社或农业产业化龙头企业开展农超对接；支持探索和创新农产品流通模式。试点地区包括江苏、浙江、安徽、江西、河南、湖南、四川、陕西等省。

（五）税收优惠政策

税收优惠政策主要包括所得税减免、增值税减免、土地使用税减免、出口退税以及其他税收优惠政策（如减免农林特产税等）。部分地区扶持农业龙头企业税收优惠政策见下表。

表　中国部分地区扶持龙头企业的税收优惠政策

四川	所得税政策	龙头企业暂免征企业所得税。龙头企业及其生产基地视为同一纳税单位，免征农业特产税，由龙头企业统一纳税。对生产基地遭受严重自然灾害的龙头企业，可减征或免征所得税1年
	增值税政策	粮食加工龙头企业不分企业性质，与国有粮食购销企业享受同等待遇，免征增值税
	关税政策	龙头企业兴办的良种、良畜（禽）试验推广项目，免征进口税和进口环节增值税
	其他税收政策	允许重点龙头企业提取销售收入的5%以上作为技术改进费并计入管理费用；企业研究开发新产品、新技术、新工艺所发生的各项费用按实际发生额计入管理费用。技改、购买国产设备的投资抵免企业所得税
江苏	所得税政策	对从事种植业、养殖业和农林产品初加工取得的所得暂免征企业所得税；从2005年起，新建年销售收入5 000万元以上的农产品加工龙头企业，暂免征企业所得税
	增值税政策	进项税额扣除率为13%列入市级以上龙头企业的粮食加工企业，免征增值税
	土地使用税政策	龙头企业用于农产品生产基地、加工、临时交易的用地，视为农业用地对待。土地使用税、房产税纳税有困难的，按税收管理权限报批减免
	关税政策	免征进口环节增值税和进口关税
	其他税收政策	国产设备投资的40%，可从企业技术改造项目设备购置当年比前一年新增的企业所得税中抵免；对新建的农产品专业市场免收3年市场管理费
安徽	所得税政策	国家级重点龙头企业暂免征企业所得税。龙头企业遭受严重自然灾害，减征或免征企业所得税1年。对提供技术服务或劳务服务所取得的收入暂免征所得税
	增值税政策	对从事种植业、养殖业的龙头企业销售本企业自产的农产品，免征增值税。对龙头企业生产、销售的种子、种苗、饲料（不含豆粕）免征增值税
	土地使用税政策	对龙头企业直接用于农、林、牧、渔业的生产用地，免征城镇土地使用税。对经批准改造的废弃土地，从使用的月份起，10年内免征城镇土地使用税

（续表）

安徽	关税政策	免征进口环节增值税和进口税
	其他税收政策	对龙头企业购买国产设备投资的 40%，可从当年新增企业所得税中抵免，抵免期限为 5 年
	所得税政策	省级龙头企业暂免征所得税；研究开发费用计入管理费用，税前扣除，研究费用增长比例在 10%以上的盈利企业，再按实际技术开发费发生额的 50%抵扣应纳税所得额
江西	增值税政策	按 13%的扣除率抵扣进项税额；自产自销农产品免征增值税；免征综合利用产品所交的增值税；联销经营总部集中申报缴纳增值税
	关税政策	免征进口环节增值税和进口税
	其他税收政策	购买国产设备投资抵免 40%的所得税；高新技术企业并在高新技术产业区的，可按减 15%的税率征收所得税；新办并在高新技术产业区的高新技术企业，自投产之日起免征 2 年企业所得税
福建	所得税政策	对从事高新技术、资源综合利用、农业技术转让的农业产业化经营龙头企业，以及为农产品生产、加工、流通服务的行业，给予税收优惠
	其他税收政策	对新建的各种农产品专业市场、集贸市场免收 3 年市场管理费
贵州	所得税政策	对国有农业企事业单位从事种植业、养殖业和农林产品初加工业取得的所得暂免征企业所得税
	关税政策	免征进口环节增值税和进口关税
	其他税收政策	国产设备投资的所得税抵免政策
	所得税政策	对国家级重点龙头企业从事种植业、养殖业和农产品初加工取得的收入，暂免征企业所得税
湖北	关税政策	免征进口环节增值税和进口关税
	其他税收政策	国产设备投资的 40%可从企业技术改造项目设备购置当年比前一年新增的企业所得税中抵免
	所得税政策	从事种植业、养殖业和农林产品初加工并与其他业务分别核算的重点龙头企业，暂免征企业所得税

（续表）

广西	其他税收政策	重点龙头企业所属的控股子公司，直接控股比例超过50%（不含50%）且子公司以农产品加工、流通为主业的，可享受优惠政策；子公司从事种植业、养殖业和农林产品初加工可享受重点龙头企业所得税减免优惠政策
	所得税政策	对国家重点龙头企业从事种植业、养殖业和农林产品初加工所得，暂免征企业所得税。市级龙头企业研究开发新品种、新技术、新工艺所发生的各项费用在缴纳企业所得税前扣除
重庆	增值税政策	征收产品增值税的税率不超过13%；销售自产的农产品及经初级加工后仍属农产品的，免征增值税；粮食加工企业免征增值税
	其他税收政策	市级龙头企业在未明确使用权的土地及非耕地上发展种植业和养殖业，从取得收益之年起，免征5年农林特产税
北京	增值税政策	市级重点龙头企业生产自销的农产品，免征增值税
	关税政策	免征关税

（六）金融扶持政策

农业企业的发展需要得到多方面的扶持，特别是在资金方面。中国农业银行、农村信用社和农业发展银行都在积极支持农业企业的发展。

（七）特殊政策

1. 设施农用地支持政策

主要是将规模化粮食生产必需的配套设施用地纳入“设施农用地”管理。农业企业等从事规模化粮食生产必需的配套设施用地，包括晾晒场、粮食烘干设施、粮食和农资临时存放场所、大型农机具临时存放场所等设施用地，按照农用地管理，不需要办理农用地转用审批手续。

2. 用电用水优惠政策

（1）规模化生猪、蔬菜等生产的用水、用电与农业同价。

（2）电力部门对粮食烘干机械用电按农业生产用电价格从低执行的政策。

三、对社会化服务组织的补助扶持

1. 测土配方施肥补助

2016年，国家深入推进测土配方施肥，免费为1.9亿农户提供测土配方施肥技术服务，推广测土配方施肥技术15亿亩以上。其中部分资金用于支持专业化、社会化配方施肥服务组织发展，用信息化手段开展施肥技术服务。

2. 农业生产全程社会化服务试点

国家继续安排农业技术推广与服务资金，用于引导、支持服务组织为农户在粮食生产过程中，包括工厂化育种供秧、农业生产机械化、植保统防统治、农业生产资料统一配送、订单收购及相应的技术指导和服务等环节，提供全程社会化服务。根据服务组织开展社会化服务能力和质量，财政给予一定的资金补贴。

我国出台的针对家庭农场、农民专业合作社、农业企业以及社会化服务组织的补助扶持政策，极大地推动了新型农业经营主体的发展，提高了新型农业经营主体从事农业生产的积极性，从而有效地带动了我国现代农业的发展，提高了我国农业生产的专业化和规模化水平。

第三节　农业补贴政策的调整

随着农业农村发展形势发生深刻变化，农业补贴政策效应递减，政策效能逐步降低，迫切需要调整完善。国家有关部门也在不断实践摸索中对农业补贴政策进行调整。

一、“三补合一”政策

2015年，财政部、农业部选择安徽、山东、湖南、四川和浙江5省，由省里选择一部分县市开展农业“三补合一”改革试点。试点的主要内容是将农业“三项补贴”合并为“农业支持保护补贴”。一是将80%的农资综合补贴存量资金，加上种粮农民直接补贴和农作物良种补贴资金，用于耕地地力保护，直接现金补贴到户。补贴对象为所有拥有耕地承包权的种地农民，享受补贴的农民要做到耕地不撂荒，地力不降低。补贴资金需要与耕地面积或播种面积挂钩，并严格掌握补贴政策界限。对已作为畜牧养殖场使用的耕地、林地、成片粮田转为设施农业用地、非农业征（占）用耕地等已改变用途的耕地，以及长年抛荒地、占补平衡中“补”的面积和质量达不到耕种条件的耕地等不再给予补贴。二是20%的农资综合补贴存量资金，加上种粮大户补贴试点资金和农业“三项补贴”增量资金，按照全国统一调整完善政策的要求支持粮食适度规模经营。

2016年，农业“三项补贴”改革在总结试点经验、进一步完善政策措施的基础上在全国范围内推开。

二、生产大县奖励补贴政策

（一）产粮（油）大县奖励政策

为改善和增强产粮大县财力状况，调动地方政府重农抓粮积极性，2005年中央财政出台了产粮大县奖励政策。2015年中央财政安排产粮（油）大县奖励资金371亿元，2016年中央财政将继续实施产粮（油）大县奖励政策。2015年产粮大县奖励资金由中央财政测算分配到县。对常规产粮大县，主要依据2009—2013 年 5 年平均粮食产量大于 4 亿斤*，且商品量（按粮食产量扣除农民口粮、饲料粮、种子用粮测算）大于1 000 万斤来确定；对虽未达到上述标准，但在主产区产量或商品量列前 15 位，非主产区列前 5 位的县也可纳入奖励；上述两项标准外，每个省份还可以确定 1 个生产潜力大、对地区粮食安全贡献突出的县纳入奖励范围。在常规产粮大县奖励基础上，中央财政对2009—2013 年五年平均粮食产量或商品量分别列全国前 100 名的产粮大县，作为超级产粮大县给予重点奖励。奖励资金采用因素法分配，粮食商品量、产量、播种面积、绩效评价权重分别为 60%、20%、18%、2%，常规产粮大县奖励资金与省级财力状况挂钩，不同地区采用不同的奖励系数，常规产粮大县奖励标准为 700 万～9 000 万元，奖励资金作为一般性转移支付，由县级人民政府统筹使用；超级产粮大县奖励资金用于扶持粮食生产和产业发展。

产油大县奖励入围条件由省级人民政府按照“突出重点品种、奖励重点县（市）”的原则确定，入围县享受奖励资金不得低于 100 万元。2016 年产油大县存量奖励资金分配由中央财政根据 2011—2013 年分省分品种油料（含油料作物、大豆、棉籽、油茶籽）产量及折油脂比率，测算各省（区、市）3 年平均油脂产量，作为奖励因素。油菜籽增加奖励系数20%，大豆已纳入产粮大县奖励的继续予以奖励，奖励资金全部用于扶持油料生产和产业发展。

（二）生猪（牛羊）调出大县奖励政策

为调动地方政府发展生猪（牛羊）养殖积极性，促进生猪（牛羊）生产、流通，引导产销有效衔接，保障市场供应，

---

* 1 斤=500 克，全书同

2015 年中央将生猪大县奖励政策调整为生猪（牛羊）调出大县奖励政策，将牛、羊也纳入奖励范围。由此，奖励资金扩大到生猪调出大县奖励资金、牛羊调出大县奖励资金和省级统筹奖励资金 3 个部分，要求对生猪调出大县前 500 名、牛羊调出大县前 100 名给予支持。此外，进一步明确资金支持范围，包括生猪（牛羊）生产环节的圈舍改造、良种引进、污粪处理、防疫、保险、牛羊饲草料基地建设，以及流通加工环节的冷链物流、仓储、加工设施设备等方面的支出。

三、农产品目标价格政策

2014 年，为探索推进农产品价格形成机制与政府补贴脱钩的改革，逐步建立农产品目标价格制度，切实保证农民收益，国家启动了东北和内蒙古大豆、新疆棉花目标价格改革试点，积极探索粮食、生猪等农产品目标价格保险试点，开展粮食生产规模经营主体营销贷款试点。2016 年国家继续实施并不断完善相关政策。

四、粮食适度规模经营补贴

补贴方式：鼓励各地创新新型经营主体支持方式，采取贷款贴息、重大技术推广与服务补助等方式支持新型经营主体发展多种形式的粮食适度规模经营，不鼓励对新型经营主体采取现金直补。对新型经营主体贷款贴息可按照不超过贷款利息的 50%给予补助。对重大技术推广与服务补助，可以采取“先服务后补助”、提供物化补助等方式。

补贴对象：重点向种粮大户、家庭农场、农民合作社和农业社会化服务组织等新型经营主体倾斜，体现“谁多种粮食，就优先支持谁”。

补贴目的：加快推进农业社会化服务体系建设，在粮食生产托管服务、病虫害统防统治、农业废弃物资源化利用、农业面源污染防治等方面，积极采取政府购买服务等方式支持符合条件的经营性服务组织开展公益性服务，积极探索将财政资金形成的资产折股量化到组织成员。

五、最低收购价政策

中国有句俗语叫“谷贱伤农”，顾名思义，就是粮食收购价低，将极大地影响到农民的收入，为保护农民利益，防止“谷贱伤农”，2016 年我国继续在小麦主产区、稻谷主产区实行最低收购价政策。

所谓最低收购价是指承担最低收购价收购任务的收储库点向农民直接收购标准品的到库价。能够享受此政策的粮食指的是：小麦、早籼稻、中晚籼稻、粳稻。

大家还要把握一点，上述最低收购价格指的是到库价。近年来，随着农业社会化服务体系的发展，农民粮食经纪人蓬勃发展，为种粮农民提供了便利，其走村串户的粮食收购价格是自主协商形成的，与最低收购价概念是不同的。

国家发展改革委、国家粮食局等六部门发布的 2016 年《小麦和稻谷最低收购价执行预案》规定，2016 年小麦和稻谷最低收购价的收购时间和价格如下。

（1）2016 年小麦最低收购价政策。

主产区：河北、江苏、安徽、山东、河南、湖北。

价格：每 50 千克 118 元（1.18 元/500 克）。

（2）2016 年早籼稻最低收购价政策。

主产区：安徽、江西、湖北、湖南、广西。

价格：每 50 千克 133 元（1.33 元/500 克）。

（3）2016 年中晚稻（包括中晚籼稻和粳稻）最低收购价政策。

主产区：江苏、安徽、江西、河南、湖北、湖南、广西、四川。

价格：中晚籼稻每 50 千克 138 元（1.38 元/500 克），粳稻每 50 千克 155 元（1.55/500 克）。

主产区：辽宁、吉林、黑龙江。

价格：中晚籼稻每 50 千克 136 元（1.36 元/500 克），粳稻每 50 千克 150 元（1.50 元/500 克）。

（4）2016 年粮食最低收购价质量标准如下。

以 2016 年生产的国标三等粮为标准品，以安徽省公布的 2016 年中晚稻最低收购价政策为例。

标准品中晚籼稻的具体质量标准为：杂质 1%以内，水分 13.5%以内，出糙率 75%~77%（含 75%，不含 77%），整精米率 44%~47%（含 44%，不含 47%）。

标准品粳稻的具体质量标准为：杂质 1%以内，水分 14.5%以内，出糙率 77%~79%（含 77%，不含 79%），整精米率 55%~58%（含 55%，不含 58%）。

第四章　农村金融政策

第一节　农业财政与金融政策的作用、手段和目标

财政政策和货币政策是国家政府对其宏观经济运行进行调控和管理的两大基本宏观经济政策。财政政策是指为促进就业水平提高，减轻经济波动，防止通货膨胀，实现稳定增长而对政府支出、税收和借债水平所进行的选择，或对政府收入和支出水平所作的决策。货币政策是指中央银行通过控制货币供应量以及通过货币供应量来调节利率进而影响投资和整个经济以达到一定经济目标的行为。而农业财政政策和农业金融政策是国家财政政策和货币政策的重要组成部分，它们在农业经济和农村经济的发展与运行过程中承担着重要的角色，发挥着调控功能。

一、农业财政政策的作用、手段和目标

农业财政政策是国家财政通过分配和再分配手段促进解决“三农”问题一系列政策的总和。农业财政政策对于一国的农业发展至关重要。

（一）农业财政政策的作用

1. 农业财政政策对农业生产具有导向作用

农业财政政策是政府对农业实行宏观调控与管理的手段，对农业生产具有导向作用。具体包括直接导向和间接导向两种形式。直接导向即农业财政政策直接作用其调节对象。例如对产粮大县的奖励政策，可以大大促进产粮大县的粮食生产发

展，提高粮食产量；对农业的科技和教育的投入政策，可以大大推动农业科技和教育的发展。间接导向是农业财政政策对非直接调节对象的影响。如取消农业税，不仅使农民的种粮积极性得到提高，有效地鼓励了农民从事农业生产，也会影响消费者及从事农产品加工企业的选择。

2. 农业财政政策对农业生产具有调控作用

调控即协调与控制。农业财政政策的协调作用主要表现在对农业经济发展过程中的某些失衡状态的制约、调节能力，主要指调节农业与国民经济其他产业部门及农业内部的某些失衡状态。如财政支农政策主要通过财政资金引导资源对农业领域的流入流出来调控农业发展，同时调整与农业相关的利益群体之间的利益关系。农业财政政策的控制作用主要通过增税政策或采取收费等惩罚性措施的实施来实现。如对环境资源的维护不利的产品或生产项目，可以实行增税政策或收费等惩罚性措施加以控制。

（二）农业财政政策的手段

农业财政政策是政府为了实现一定的经济社会目标而制定的，主要运用财政手段，针对农业系统所采取一系列的政策措施。简言之，农业财政政策就是涉及财政手段的农业政策。

农业财政政策手段就是为了实现既定的政策目标所选择的具体途径或具体的实现方式和方法，具体包括农业税收政策和财政支农政策。

农业税是国家向从事农业生产的单位和个人就其取得的农业收入征收的一种税。全国人民代表大会常务委员会 1958 年 6 月 3 日通过的《中华人民共和国农业税条例》（以下简称《农业税条例》）规定，农业税征收范围包括粮食作物收入和薯类作物收入，棉花、麻类、烟叶、油料、糖料和其他经济作物收入，园艺作物收入，经国务院规定或者批准征收农业税的其他收入。计税依据为评定的常年产量，实行地区差别比例税率。

农业税是国家有计划集中广大农民为社会创造一部分纯收入的必要形式。通过征收农业税，可以调节农民内部的分配关系，掌握必要的粮食、棉花等重要战略物资，增加国家财政收入，为经济建设和改革积累资金。2006 年 1 月 1 日起，《农业税条例》正式被废止。

进入 21 世纪以来，我国农村税费改革经过了两个阶段：第一阶段（2000—2003 年），基本政策取向是“减轻、稳定、规范”，农民承担的税费负担显著下降；从 2004 年开始农村税费改革进入新阶段，根据当时情况和农业、农村发展的要求，以及国家的财力状况，转向全面取消农业税，原定五年实现取消农业税的目标，结果到 2006 年就全部取消了。这样农民负担总额减少约 1 250 亿元，人均减负约 140 元。

财政支农政策即财政政策中用于支持农业的政策，是指政府通过转移支付、购买支出、发行公债等财政政策工具，以向农业生产者提供农业公共品和服务，为农业生产的持续稳定发展创造良好外部环境为目的的各种直接和间接的资金投入。财政支农的支出可以划分为政府购买支出和政府转移支付支出。所谓的政府购买支出即政府在商品或劳务市场上购买商品或劳务时所发生的支出，包括支援农村生产支出和水利气象等各项农业事业费、农村基本建设投资、科技三项事业费等。财政支农中政府购买支出直接影响资源的配置和利用水平。政府转移支付支出，又称无偿支出，它主要是指各级政府之间为解决财政失衡而通过一定的形式和途径转移财政资金的活动，是用以补充公共物品而提供的一种无偿支出，是政府财政资金的单方面的无偿转移，体现的是非市场性的分配关系。

综上所述，自从 2006 年以来，我国的农业财政政策手段主要是财政支农的政策手段。

（三）农业财政政策的目标

从财政政策的角度来看，财政政策主要包括财政收入政策和财政支出政策。但是自从 2006 年全面取消农业税之后，农业财政政策主要表现为对农业的财政支出方面，即农业财政投入政策。农业财政投入政策是指政府运用财政手段，发展农业的一种财政资金投放，是财政支出的一个组成部分，主要包括财政的直接投入、价格支持和信贷支援。新时期农业财政政策的基本目标如下。

1. 促进农业发展

农业发展既是农民收入稳定增长的重要基础，也是国民经济健康运行重要而关键的环节。但是由于农业的产业特性和农业土地资源以及资金的稀缺性等多种原因，农业发展中经常面临着资金短缺、有效投入不足等困难。这就要求国家财政给予农业必要的支援，促进农业的发展。

2. 调节农业生产结构

农业生产各部门的发展与国民经济的发展往往存在矛盾，政府通过采用财政手段对农业生产进行调节，可以促使农业生产结构与国民经济发展和社会对农业产品的需求相适应。例如，运用产粮大县奖励政策、农业补贴政策等，来支持粮食生产和确保粮食安全、有效供给；运用生猪大县奖励政策来提高生猪养殖户的饲养积极性，以确保生猪的供给。

3. 调节农产品流通

财政政策对农产品流通的调节主要是通过税收政策实现的。例如，政府通过有关税收政策对商品的各级批发零售环节征税，可以增加商品经营者的流通成本，从而促使农产品多渠道、少环节流通体系的建立，加速商品周转。

4. 提高农业劳动生产率

农业生产率的提高，是人类社会中农业以外一切经济部门得以独立化和进一步发展的基础，也是提高经济效益的重要条件，亦是实现农业现代化的根本目标之一。我国财政政策注重发挥其导向作用，在促进农业劳动生产率提高方面，加大财政支持的力度，以实现提高农业劳动生产率的目标。

5. 调节工农关系、城乡关系

政府通过运用适当的财政支出政策可以调节工农关系、城乡关系。例如，政府通过对农业生产的补贴政策可以使城市居民获得低价的食品消费；政府通过对农业的投资倾斜政策可以促使农业开发的顺利进行；政府通过低税或减免税政策可以使农产品加工业得到优先的发展等。

农业财政政策的目标是服从于整个财政总目标的，因此，具体到一定的时期或条件下，农业财政的目标是有侧重点的。例如，在工业化初期，国家常常要求农业为工业提供资金积累，这时候的农业财政政策目标就可能以牺牲农业或农民的局部或暂时利益为工业的起步提供积累为目的。而在工业化完成后，国家的农业财政政策目标转移到支持农业、稳定农业的轨道上来，即进入“工业反哺农业”阶段。进入21世纪，我国农业财政政策实现了从支持农业生产到支持调整农业产业结构，再到支持农民增收的转变。采取了“多予、少取、放活、两减免、四补贴”等一系列促进农民增收的措施，惠及农民增产增收。

二、农业金融政策的作用、手段和目标

金融政策是指中央银行为实现宏观经济调控目标而采用各

种方式调节货币、利率和汇率水平，进而影响宏观经济的各种方针和措施的总称。农业金融是指货币资金在农业领域内的融通。它是以资金为实体、信用为手段、货币为表现形式的农村资金运动、信用活动和货币流通三者的统一。农业金融政策是指为实现一定的农业发展目标，国家运用金融手段调整货币流通和信用的指导原则及相应的措施。农业金融政策对于农业生产与流通的健康有序发展发挥着重要的调控作用。

（一）农业金融政策的作用

1. 有效融通农村货币资金，促进农村社会资源优化合理配置

农业金融政策能够推动农村信用活动的开展，通过货币资金的借贷，实现资金使用权的转移，并带动生产要素的流动，从而达到重新配置农村社会资源的目的。

2. 稳定农村货币流通，保证农村商品流通的正常进行

如果流通中货币过多或过少将会引发农村商品价格的大幅度上下波动，这将给农村经济活动带来不利影响。金融政策可以通过资金的投放与回笼来调剂货币的流通量，来稳定货币的购买力。这样可以避免流通中货币量的过多或过少对农村经济活动产生的负面影响。

3. 推动农村市场体系的发育和完善

金融市场是农村市场体系的一部分，作为要素市场之一，其承担着其他要素市场和商品市场的媒介。金融政策一方面对金融市场进行调控，另一方面对整个农村市场体系的发育和健全起着调控作用。

（二）农业金融政策的手段

农业金融政策的手段是政府为了实现既定的政策目标，对农村金融信贷活动进行调控的各种措施，主要包括农业信贷规

模政策、农业信贷结构政策、农业信贷优惠政策、农业信贷条件、农业利率政策等。以下介绍前 3 种。

1. 农业信贷规模政策

农业信贷规模政策亦称农业信贷总量政策。其基本内容包括扩张性农业信贷政策、紧缩性农业信贷政策和稳定性农业信贷政策。扩张性农业信贷政策是不断增加农业信贷资金总量，扩大农业信贷资金的总规模；紧缩性农业信贷政策是减少农业信贷资金供给量，缩小农业信贷资金的规模；稳定性农业信贷政策是指在一定的时期内，将农业信贷总规模维持在大体相同的水平上。采用何种形式的农业信贷政策，不仅取决于农业本身发展状况和国家的产业政策，而且取决于整个国民经济的形势和国家信贷规模和信贷结构的总政策。

2. 农业信贷结构政策

农业信贷结构政策是国家为了保证农业信贷资金在农业生产各部门和各种生产之间实现合理配置而制定的原则。在实践中往往通过“区别对待，择优扶植”的政策来体现，即银行和信用社对农业企业发放贷款时，在调查研究的基础上，区别不同对象决定是否贷款、贷款额度、贷款期限、贷款条件和优惠程度，从而做到有所鼓励、有所限制，实现农业信贷结构政策的总目标。

3. 农业信贷优惠政策

其主要内容有农业信贷低利贴息政策、提供担保政策和豁免债务政策等。

农业信贷低利政策是指对农业贷款规定低于一般贷款的利息率，以支持农业的发展。在国家不直接经营银行的体制下，农业信贷低利政策的实行必须与贴息政策相结合。贴息政策是政府为了实现一定的农业目标，运用贴息手段引导贷款投向农业的一种措施。贴息政策一般是由政府与银行协议发放的。银行按照政府确定的原则发放贷款，政府向银行支付农业贷款利率与一般商业性贷款利率的差额，确保银行的利息收入。提供担保政策，是指政府以自己的信誉为农民提供担保，使农民在商业银行获得贷款。豁免债务政策是针对那些因天灾人祸等原因所致而长期无力偿清债务的农民，政府为其豁免债务。在国家不直接经营银行的体制下，由此而给银行带来的损失由国家财政给予补偿。

（三）农业金融政策的目标

农业金融是现代农村经济的核心，充分有效的金融服务对促进农业发展有着举足轻重的作用。农业金融政策的基本目标如下。

1. 支持农业健康稳定发展

具体包括支持粮、棉、油生产，加强农业基础设施建设，为农业生产调节资金余缺，支持“优质、高产、高效”农业生产基地和农业现代化示范区的建设。

2. 确保农副产品的收购

为了保护农民的生产积极性和利益所得，政府在丰收年份的收购旺期，总要在信贷上采取专门的政策，即筹集和安排足够的资金来收购农副产品，使农产品的流通得以顺畅，确保农民的收入不减少。

3. 支持扶贫开发

各金融部门依据政府扶贫开发的政策要求，集中专项资金支持贫困地区和老、少、边、穷地区的经济开发，缩小地区间的贫富差别。

4. 大力发展农用工业

为了保证化肥、农药、农用薄膜、农业机械和柴油等农业生产资料的供应量逐年有所增加，并不断提高质量、降低生产成本，政府在信贷上对这些企业或新上项目常常实行投资倾斜和其他保护性政策。

5. 支持农村中小企业

各个农村金融机构积极支持农村中小企业的发展，使得农村中小企业不断优化产业、产品结构，增强产品的市场竞争能力，提高经济效益。

6. 化解农村金融风险

因为风险和收益不匹配，所以导致大量的资金流不到农村，农村的金融贷款不能得到有效满足。农村金融政策根据国家整体的金融形势，对农业信贷发行的数量、结构及发行对象进行控制、监管，防止金融风险的发生。

7. 执行国家的宏观货币政策

农业金融政策是国家货币政策的组成部分，主要包括紧缩性金融政策和扩张性金融政策。对农业金融是采取紧缩性政策还是扩张性政策取决于三个方面的因素：一是农业本身的状况；二是整个国民经济的发展状况；三是中央银行总货币政策的目标。

第二节　农业财政投入政策

农业投入政策是为一定的农业发展目标而建立的指导原则及相应的措施。农业投入政策的目标在于对各种农业投入主体的投资行为加以引导和调控。对农业投资调控是政府的重要职能。进入 21 世纪以后，随着我国农业经济结构的调整、农业产业化的实施，为了提高我国的综合国力，必须加大对农业的投资，加大农业投入是农业长期稳定发展的客观要求。

一、农业投资的投入机制及投入来源

(一) 农业投资的概念

农业投资是为扩大再生产而投入农业生产领域的物化劳动和活劳动的货币表现。农业投资是指投资主体为取得一定数量的农产品和良好的生存环境，在农业生产过程中，投入资源(主要包括物质资源和人力资源)，通过一定的运作方式，形成农业资产或资本的经济活动过程。农业投资有广义和狭义之分。狭义的农业投资是指农业生产过程中的固定资本和流动资本，不包括农业生产过程以外的资本消耗。广义的农业投资不仅包括农业生产过程中的固定资本和流动资本，还包括为农业生产服务的农业研究、教育、技术推广、农业生态和环境保护等方面的投资，而且涉及与农业投资关系密切的农用工业、水利、气象和林业。

(二) 农业资金的投入机制

农业投入机制有广义和狭义之分。广义的农业投入机制是指农业资源的配置在市场经济规律的作用下生产要素的自由流动，即由市场对土地、资金、劳力、技术的配置起基础的作用。狭义的农业投入机制是指在农业生产过程中，相互联系的不同投入主体通过筹集和运用资金，并供给农业生产所需投入的运作机制。

我国农业资金的投入分别是以国家、金融机构、农业合作经济的公共积累和农户为主体而实现的。其中，国家投资指中央和地方政府的农、林、水利、气象服务业的基本建设和更新改造投资，为农业生产服务的科研、教育、科技推广方面的资金投入以及国家直接投入农业的各项支出等；金融机构投资除大多用作维持简单再生产的流动资金外，也有一部分是用于扩大再生产的固定资金和新增流动资金；农业合作经济的公共积累（包括社员用于农业基本建设的劳动积累），一般用于合作经济独立进行的规模较小的农业基本建设和固定资产购置；农户投资指农民个人为维持和扩大农业生产对土地和购置各种生产资料的资金总投入。

（三）农业投资的来源

随着市场经济体制的逐步建立，中国农业投资主体呈现了以农户投资为主，国家财政投入、金融机构信贷投入、农村合作经济组织投入以及其他社会团体等投入为辅的多元化投入格局。

1. 国家财政对农业的投入

这是指农业财政投入，主要是国家财政预算中用于农业的各项投资支出，包括国家财政每年对农垦、农业、畜牧、林业、农机管理、水利、水产、气象部门的各项事业费和基本建设、流动资金、科技三项费用等专项拨款；国家直接投入农业的各项支出，如支持粮食生产和确保粮食安全、有效供给的各种财政支出；国家对农村社会救济和贫困地区的补助等。

2. 金融机构提供的用于农业的各种信贷资本

这包括各级国有银行的贷款、农村信用社的贷款、新型农村金融机构的贷款等。

3. 农村合作经济组织的积累投入

这主要是指农业合作经济的公共积累（包括社员用于农业基本建设的劳动积累），一般用于合作经济独立进行的规模较小的农业基本建设和固定资产购置。

4. 乡镇企业对农业的支持

这是改革开放以来农业投入的重要来源之一。乡镇企业发展较好的地区，其乡镇企业每年都直接或间接地对农业进行一定数额的资金投入。

5. 农户自有资金的投入

自从实行家庭联产承包责任制以来，农业资金的主要来源是农户的自有资金。农户自有资金投资包括个人或合股用于购买小型农业机械、牲畜、农具、化肥、农药等生产资料的投资。

6. 吸收各方面的直接投资

直接投资即以取得红利为投资报酬的形式。这是改革开放以后逐步发展起来的筹资方式。其来源主要包括支持农业中的私人企业和合股企业，吸引城市、工业资本注入农业，吸引外资投入农业等。

二、农业财政投入政策的历史及内容

中国农业财政投入政策是伴随着农村经济的发展而不断变革并逐步形成的，现在已经初步构成了与农业生产、农民收入、农村经济发展相适应的政策体系。

（一）中国农业财政投入政策的历史

1. 农业财政投入政策的初始与弱化阶段（1950—1977 年）

初始阶段（1950—1962 年），农业财政投入政策通过采取农产品的统购统销政策，即“农业反哺工业”的政策，导致了工农产品价格剪刀差，把农业剩余集中到国家手中。在财政支农支出方面，主要侧重投资农、林、水利、气象事业费，而对农业基本建设方面以及农村教育、卫生和文化、社会保障方面的投资较少，并且从农业上取得的财政收入要远远大于财政对农业的投入。农业财政投入总额从 1950 年的 2.74 亿元，增长到 1962 年的 36.82 亿元。

弱化阶段（1963—1977年），呈现了“低投入、低产出、低效率”的特征，经济社会发展严重滞后，农业财政投入一直在较低的水平上徘徊，是增长最缓慢时期。农业、农村发展主要依靠集体分配制度。财政对农业的投入总额由54.98亿元增长到108.12亿元；农业支出占财政支出比重由16.56%下降到12.82%。在此期间，农业财政投入的最主要特征是波动幅度大，而且以地方财政为主。

2. 农业财政投入政策的巩固调整与强化阶段（1978—2003年）

（1）利益倾斜与软性照顾（1978—1985年）。实行家庭联产承包责任制以后，农业财政投入开始出现利益倾斜与软性照顾。1984年开始，中央强调制止对农民的不合理摊派，减轻农民的额外负担。1978—1984年，财政对农业的投入累计达1 133.28亿元，年均增长51.66%。在此期间，财政投入主体虽然仍为地方财政，但中央财政投入比例有所提高。

（2）利益收敛与软性剥夺（1986—1996年）。中央财政对农业投入的绝对规模从1986年开始有所增加，但农业财政投入额占中央财政投入总额的比重下降。尤其是中央财政对农业基本建设投资的减少，削弱了农业抵御自然风险的能力。1992—1996年，财政支农支出年均增长16.8%，而同期财政经常性收入年均增长23%；财政支农支出占财政总支出的份额逐年下降，同时财政支农支出占国家财政总支出的比例远远低于农业产值在国内生产总值中的比重，前者仅仅为后者的1/2或1/3，财政支持力度与农业在国民经济中的地位与作用根本不相称。

（3）利益调整与软性照顾（1997—2003年）。1998年，中国进行财政体制改革，提出建立公共财政体制框架，在财政支出方面逐步朝公共财政方向调整，在一定程度上促进了农业财政政策的转变。财政用于农业、农村、农民的支出不断增加，主要侧重于农业基础产业的发展和西部基础设施建设与西部资源的开发与利用以及生态工程建设。从2000年开始，在全国20个省、自治区、直辖市开展农村税费改革，2003年在中国全面推开这一项收入分配制度。此时期的财政支农政策由重点支持农业转到关注“三农”上来，并提出了加大农业投入力度、增加国家投资农业水利建设的比例、扩大以工代赈范围等政策，加大中央和省、自治区、直辖市财政转移支付力度。

3. 农业财政投入政策稳定、快速、全面发展时期（2004年至今）

党的“十六大”以来，党中央、国务院顺应时代要求，作出了一系列意义重大、影响深远的战略部署，连续出台了12个涉农的中央一号文件，把解决好“三农”问题作为全党工作的重中之重，加大了对“三农”的投入。综观进入21世纪的12个涉农中央一号文件，焦点始终集中在“农业、农村、农民”的出路问题上。中央连续出台的这些一号文件形成了新时期加强“三农”工作的基本思路和政策体系，构建了以工促农、以城带乡的制度框架，促进农业和农村发展取得巨大成就。

（二）中国农业财政投入政策的内容

1. 支持农业增产的财政政策

（1）对农业生产实行的四项补贴政策。农民收入能否随着国民经济特别是农村经济发展而增加是检验“三农”政策是否发挥效应的重要指标之一。进入21世纪，国家农业财政投入政策实现了从支持农业生产到支持调整农业产业结构，再到支持农民增收的转变。采取了一系列促进农民增收的措施，惠及农民增产增收。

一是取消农业税，增加转移支付，为农民减负。其基本政策取向是“减轻、稳定、规范”，从减税负转向全面取消农业税。二是对农业生产实行直接补贴，促进农民增收，主要实行“粮食直补、良种补贴、农机具购置补贴、农资综合补贴”四项补贴。

粮食直补，全称粮食直接补贴，是为进一步促进粮食生产、保护粮食综合生产能力、调动农民种粮积极性和增加农民收入，国家财政按一定的补贴标准和粮食实际种植面积，对农户直接给予的补贴。良种补贴是指对一地区优势区域内种植主要优质粮食作物的农户，根据品种给予一定的资金补贴。农机具购置补贴，又称农机购置补贴，是指国家对农民个人、农场职工、农机专业户直接从事农业生产的农机作业服务组织，购置和更新农业生产所需的农机具给予的补贴，目的是提高农业机械化水平和农业生产效率。农资综合补贴是指政府对农民购买农业生产资料（包括化肥、柴油、种子、农机）实行的一种直接补贴制度。2011 年中央四项补贴达到 1 406 亿元，2013 年中央四项补贴达到 1 649 亿元。

（2）产粮大县奖励政策。由于种粮比较效益低，加之中央对农业税收的免除，产粮大县出现财政困难。为调动地方政府重农抓粮的积极性，2005 年中央财政出台了产粮大县奖励政策，当年安排资金 55 亿元。此后，中央财政对产粮大县的奖励力度逐年增加，奖励政策也逐步完善，目前已初步建立了存量与增量结合、激励与约束并重的奖励机制。

2009 年产粮大县奖励资金规模为 175 亿元，到 2013 年产粮大县奖励资金规模达到了 319. 2 亿元。2009—2013 年，产粮大县奖励资金年均增长率达到了 16. 21%。

（3）提高农业综合生产能力的政策。

一是加大农业综合开发投入力度。农业综合开发是指中央政府为保护、支持农业发展，改善农业生产基本条件，优化农业和农村经济结构，提高农业综合生产能力和综合效益，设立专项资金对农业资源进行综合开发利用的活动。其任务是加强农业基础设施和生态建设，提高农业综合生产能力，保证国家粮食安全；推进农业和农村经济结构的战略性调整，推进农业产业化经营，提高农业综合效益，促进农民增收。农业综合开发实行“国家引导、配套投入、民办公助、滚动开发”的投入机制。

二是支持农田水利基础设施建设政策。农田水利设施的好坏，直接影响农业生产和农民的收益。自实行家庭联产承包责任制后，水利事业存在“重大轻小”现象，水利建设的重点集中在大江大河的治理上，而在农田水利设施的建设上，重视不够、投入不足、状况严重，成了这一问题的短板。为解决小型农田水利基础设施薄弱的现状，中央财政以“民办公助”的形式开展小型农田水利工程建设。

三是支持农业科技创新和推广政策。从 2005 年起，组织开展科技入户工程，构建“科技人员直接到户、良种良法直接到田、技术要领直接到人”的科技成果转化应用新机制。2006 年，增加新型农民科技培训项目，重点对从事农业生产经营的专业农民以及种养能手、科技带头人等开展培训。2012 年中央一号文件突出强调加快农业科技创新，把推进农业科技创新作为“三农”工作的重点和发展现代农业的根本支撑，出台了一系列含金量高、打基础、管长远的政策措施。

（4）支持农业防灾减灾政策。此类政策包括动植物重大疫情防控的补助、支持救灾和恢复生产以及建立农业风险防范机制等。做好农业防灾减灾工作，对保护人民群众生命财产安全，促进农业农村经济健康稳定发展具有十分重要的意义。

（5）加强农业生态环境保护政策。近年来，中国先后实施了天然林资源保护工程、退耕还林工程、“三北”和长江中下游地区等重点防护林建设工程、环北京地区防沙治沙工程、野生动植物保护及自然保护区建设工程、重点地区速生丰产用材林基地建设工程等重点过程。中国近10年已投入近万亿元用于生态建设和环境保护。农业生态环境保护的加强，对中国农业可持续发展发挥了积极的作用。

（6）支持现代农业发展政策。从2005年开始安排专项资金，支持各地发展优势特色产业。从2008年起，中央设立现代农业发展专项资金，财政部重点支持优势主导产业基础建设、农模化标准化生产、先进适用农业技术推广应用、农业产业化经营方面，显示了财政支持农业的新取向。

2. 支持新农村建设的财政政策

2006年中央提出社会主义新农村建设，各级财政通过加大农村基础设施建设、农村义务教育、农村公共卫生和农村社会保障投入等，使社会主义新农村建设迈出坚实的步伐。

（1）加大农村基础设施投入。农村基础设施主要包括农村大宗农产品商品基地建设、乡村道路建设、农村电网改造、农村沼气、人畜饮水设施等。有关资料显示，农业基本建设投资已从2002年的56.4亿元增长到2012年的267.86亿元，10年间实现连年递增，占中央基本建设投资总规模的比重也从3.1%上升到了7%。

（2）支持农村危房改造。在加快社会主义新农村建设中，对农村危房改造各级财政给予了大力支持，首先在全国启动试点，2009年中央农村工作会议明确提出，2010年推进农村公共事业发展中一项主要工作就是支持农村住房建设。

（3）促进农村义务教育发展政策。此类政策包括加大投入力度、创新体制和机制及实施促进农村义务教育事业发展的多项工程三个方面。出台了“两免一补”（即免学杂费、免书本费、补助寄宿生生活费）政策，建立了保障农村义务教育发展的长效机制。到 2006 年，全部免除农村义务教育阶段学生的学杂费、书本费和寄宿生生活费。

（4）加大农村医疗卫生投入。支持建立健全农村基本医疗保障体系。具体包括建立新型农村合作医疗制度、建立农村医疗救助制度以及建立农村儿童大病医疗保险制度。支持建立农村公共卫生体系。为使广大农民在基层能够享受到方便及时的卫生医疗服务，各级财政部门大力支持农村公共卫生体系建设。具体包括加强农村医疗卫生服务体系建设、制定和实施农村基层卫生人才培养规划以及开展城市支援农村卫生工作。

（5）加大农村社会保障投入。具体包括建立农村最低生活保障制度、完善农村五保供养制度以及建立新型农村社会养老保险制度。

3. 促进农民增收的财政政策

在促进农民增收方面，财政政策的主要精神是“多予少取”，一方面增加农民的投入，另一方面减少农民的支出。

（1）落实粮食最低收购价政策。为保护农民利益、保障粮食市场供应，从 2004 年起，国务院决定对短缺的重点粮食品种在粮食主产区实行最低收购价格。市场粮价低于国家确定的最低收购价时，国家委托符合一定资质条件的粮食企业，按国家确定的最低收购价收购农民的粮食。

（2）对农民实施各种技术培训。一是做好农村劳动力技能就业计划、阳光工程、农村劳动力转移培训计划、星火科技培训、雨露计划等培训项目的实施工作。二是开展新型职业农民培训政策和农村实用人才培训政策。三是对青年农民工开展劳动预备制培训，在中等职业学校开展面向返乡农民工的职业教育培训。

（3）支持农村扶贫开发。扶贫是增加农民收入的重要途径之一，主要是采取支持贫困地区改善生产生活条件，采取开发性扶贫、科技扶贫、协作扶贫等措施，促进贫困地区社会经济发展；具体包括加大扶贫投入力度、开展“互助资金”试点、开展“整村推进”试点、开展民族地区扶贫试点以及实行以奖代补政策。

（4）减轻农民收费负担。在对农民“多予”的同时，采取“少取”的政策，清除对农民不合理的收费。2000—2003年，主要取消统筹款、农村教育集资、行政事业性收费、政府性基金及集资；取消农村劳动积累工和义务工；改革村提留征收使用办法。从2004年开始，全面清除对农民的不合理收费，目前专门面向农民征收的税费基本没有了。

（5）减少农民税收负担。2004年取消除烟叶以外的农业特产税，农业税税率从7%降低到5%，全国减征农业税30亿元，中央财政补助15亿元；税费改革减轻农民负担301亿元；2005年在全国取消牧业税，减轻牧民负担1.6亿元；2006年废除屠宰税和农业税，农民每年上缴的几百亿元农业税彻底取消。

（6）对农民实行各种优惠政策。从2007年开始实行家电下乡，补贴资金由中央财政负担8%，地方财政负担20%，2009年中央财政安排资金200亿元，农民得到了很大的实惠。

综上分析，国家财政支农政策的内容是非常丰富的。经过多年的调整完善，目前一个适应社会主义市场经济体制和农业农村发展形势的，以支持粮食生产，促进农民增收，加强生态建设，推进农村改革，加快农村教育、卫生、文化发展等政策为主要内容的财政支持“三农”政策框架体系已基本建立。

第三节　农业金融政策

农业金融政策是国家经济政策、国家信贷政策的重要组成部分，而农业金融是支持、服务农业和农村经济发展的重要力量。农村金融体系是指一切为农村经济服务的金融制度、金融机构、金融工具及金融活动的总称。其健康运行必须能够满足农村经济主体的正常金融需求、能够促进农村经济的持续发展和农民收入的稳定增长以及能够维护国民经济的平稳、有序运转。

一、我国农村金融组织体系

（一）我国农村金融组织体系的构成

我国农村金融组织体系包括政策性银行、商业性银行、非银行金融机构和新型农村金融机构四大部分。其中，政策性银行包括中国农业发展银行和国家开发银行（农村部分）；商业性银行包括中国农业银行、农村信用合作社；非银行金融机构包括中国农村发展信托投资公司、中国经济开发信托投资公司（农村部分）以及各个农业保险公司；新型农村金融机构包括村镇银行、贷款公司和资金互助社等。农村金融政策主要通过对这些组织的行为影响和调节来加以实现。

（二）主要的金融机构简介

1. 中国农业发展银行

中国农业发展银行是直属国务院领导的国有政策性银行，也是我国唯一的农业政策性银行，于 1994 年 11 月正式挂牌成立，总部位于北京市西城区月坛北街甲 2 号。到 1997 年 3 月末，形成了比较健全的机构体系。其主要职责是按照国家的法律、法规和方针、政策，以国家信用为基础，筹集资金，承担国家规定的农业政策性金融业务，代理财政支农资金的拨付，为农业和农村经济发展服务。

2004 年以来，中国农业发展银行业务范围逐步拓展。第一，拓展了传统贷款业务的支持对象，由原来的国有粮、棉、油购销企业扩大到各种所有制的粮、棉、油购销企业。第二，开办农业产业化龙头企业和加工企业的贷款业务。第三，扩大贷款业务范围。目前，中国农业发展银行已形成了以粮、棉、油收购信贷为主体，以农业产业化信贷为一翼，以农业和农村中长期信贷为另一翼的“一体两翼”业务发展格局。

2. 中国农业银行

中国农业银行是国际化公众持股的大型上市银行，中国四大银行之一；最初成立于1951年，将原来的中国农民银行和合作银行合并为农业合作银行，是新中国成立后的第一家国有商业银行，也是中国金融体系的重要组成部分，1952年农业合作银行被并入中国人民银行，现今的中国农业银行是1979年2月才恢复成立的，总行设在北京。2009年，中国农业银行由国有独资商业银行整体改制为现代化股份制商业银行，并在2010年完成“A+H”两地上市，总市值列全球上市银行第五位。其主要职责是：按照国家的法律、法规和方针、政策，以国家信用为基础，按照现代商业银行的经营机制运行，综合经营商业性信贷业务，讲求经济效益，在为农村经济发展提供金融服务过程中谋求自身的发展壮大。

3. 农村信用合作社

农村信用合作社是指由中国人民银行批准设立、由社员入股组成、实行民主管理、主要为社员提供金融服务的农村合作金融机构。其宗旨是“农民在资金上互帮互助”，即农民组成农村信用合作社，社员出钱组成资本金，社员用钱可以贷款。但是这个信用合作社，从来都不是农民自愿组成的，而是官方一手操办的。最初的信用合作社，大部分出资来自国家，农民的出资只占很少部分，所以说信用合作社的产权所有人是政府。

农业合作银行是农村信用合作社进行改革的模式之一，是由辖内农民、农村工商户、企业法人和其他经济组织入股组成的股份合作制社区性地方金融机构。其主要任务是为农民、农业和农村经济发展提供金融服务。我国第一个农业合作银行于2003年4月建立，即宁波鄞州农村合作银行。

农村商业银行是农村信用合作社进行改革的又一模式，在经济比较发达、城乡一体化程度较高的地区，对农村信用合作社实行股份制改造，组建农村商业银行。

2004年8月13日，江苏吴江农村商业银行成立。这是深化农信社改革试点启动后成立的第一家农村商业银行，也是全国第一家农村商业银行。目前，农村商业银行遍及全国27个省、自治区、直辖市。

4. 新型农村金融机构

新型农村金融机构是农村金融体系改革的新创举。考虑到增量改革对重建农村金融组织体系的重要性，银监会2006年12月决定放宽农村地区银行业金融机构准入门槛，发展村镇银行、贷款公司、资金互助社三类新型农村金融机构。

2007年3月1日，四川省仪陇县诞生了我国首家村镇银行，吉林省东丰和磐石的两家村镇银行也正式开业。首批村镇银行的开业，标志着我国农村金融服务体系中又增添了一支新的生力军，一个投资多元、种类多样、覆盖全面、治理灵活、服务高效的新型农村银行业金融服务体系正在逐步建立，也标志着农村金融在支持社会主义新农村建设中迈出了新的步伐。

二、农业金融政策的内容

（一）政策性、商业性、合作性金融共同发展的政策体系

进入21世纪以来，伴随着农村金融改革进程，尤其是近

年启动了调整放宽农村地区金融机构准入试点以后，我国农业金融形成了政策性金融机构、商业性金融机构、合作性金融机构和其他金融组织共同发展的农村金融政策体系。目前，农村商业性金融机构主要包括中国农业银行、农村商业银行、村镇银行、邮政储蓄以及商业性保险公司等。农村合作性金融机构主要包括农村合作银行、农村合作信用社、农村资金互助组织等。其他金融机构主要包括贷款公司、小额信贷机构、民间金融形式等。

（二）农村信用贷款政策

根据农村经济发展的实际需要，中国银监会突破了所有贷款必须实施担保、抵押的规定，对农户和农村中小企业实行信用贷款，并放宽了信用贷款额度。在发达地区，信用贷款额度可提高到10万~20万元；欠发达地区可提高到1万~5万元；其他地区在此范围内视情况而定。2008年，中国银监会不仅提出对小企业可发放信用贷款，而且扩大了抵押物范围，房产、商铺、知识产权、仓单、应收账款和存货均可抵押、质押。

（三）农村金融担保政策

近几年来，为了缓解农村金融担保不足的矛盾，我国一些地方开始探索建立政府支持、企业和银行多方参与的针对农户和农村中小企业的多种抵押贷款担保组织和基金，解决贷款难的问题。例如，吉林省政府与农业银行建立了“贷款中心+担保公司+合作经济组织+养殖户”的良性资金循环链条，为吉林省的畜牧业发展提供了信贷资金支持。四川省资阳市探索的“六方合作+保险”是金融机构、担保公司、饲料企业、种畜场、肉食品加工企业、协会农户六方互动发展，农业保险全程保障的现代畜牧产业组织体系，将金融、担保和保险有机联系起来。

（四）农业政策性保险

在农业政策性保险方面实施的政策主要包括：保费补贴分级负担；增加农业保险品种；开展设施农业保费补贴试点，对发展设施农业的农民给予保费补贴；探索开展农机具、渔业保险；加大对中西部地区、生产大县农业保险保费补贴力度，适当提高部分险种的保费补贴比例；推进建立财政支持的农业保险大灾风险分散机制。

三、我国农业金融政策的完善

（一）进一步健全农村金融组织体系

健全农村金融组织体系就是要建立以合作金融为基础，政策性金融为重要保障，商业性金融，新型农村合作性金融等为补充的多层次的农村金融服务体系。金融体系内各个机构和组织要分工合理、互为补充，并充分发挥其作用。

农村金融需求具有层次性特点。农村金融需求的主体是农户和农村企业。不同层次的信贷需求在信贷承受能力方面明显不同。见效快、回报率高的种养殖项目、具有一定规模的企业、成熟型的龙头企业，承贷能力较高，也具有较强的融资能力，信贷需求可通过商业信贷方式满足。一般的种养殖农户和从事农副产品加工及服务的市场化经营的农户、一般的生活信贷需求可通过农村信用合作社、农村新型合作性金融组织的小额贷款、商业性贷款市场满足。贫困农户、一般的种植业生产、微小型企业及发育初期的龙头企业承贷能力低，而且在信贷市场上获得信贷资金的能力差，需要政策性金融扶持。

2014 年中央一号文件指出，发展新型农村合作金融组织。强调把建立多层次的农村金融服务体系作为农村金融改革的基本目标。在多层次的农村金融体系中，合作性金融是基础，政策性金融是保障，商业性金融是补充。

（二）逐步强化政策性、商业性金融机构的支农责任

政策性金融是在本国政府的支持下，以国家信用为基础，对符合相应规定的行业、领域，提供优惠性信贷服务，以配合国家实行特定的经济和社会发展政策而进行的一种特殊金融形式。政策性金融与商业性金融相比，不以营利为主要目的，但要实现保本或微利运行。农业发展需要建立完善的政策性金融支持体系，各类金融机构都应当积极支持农村改革发展。

商业性金融是现代金融体系的主体，在现代经济发展中起着非常重要的作用。然而由于缺少必要的激励机制，商业性金融在农村金融服务中未能发挥应有的作用，反而成为农村资金外流的主要渠道。充分发挥商业性金融支农的积极作用，是完善金融支农体系的必然要求。提高商业性金融支农的资金比例，重点向农产品优势产区和粮棉主产区倾斜；加强商业性银行与农村信用社、新型农村金融组织的合作，有效促进商业性金融支农作用的发挥，发挥商业性金融为农业服务的作用。

（三）完善农村金融扶持政策

爱德华·S·肖曾说：“金融体制缺乏效率的问题，不可能只由金融机构和金融政策的改善而得到解决。金融体制的改革应与其他非金融政策的改革配套进行。在改革金融制度时，如不同时采取正确的国内税收刺激政策和财政政策等，仅仅改革金融制度是没什么意义的。”为增强农村金融抵御风险的能力，发挥其对农业的支持作用，应加大对农村金融，尤其是对农信社的扶持力度；给予适当的税收补贴、收入补偿、贷款利息补贴和免交存款利息税、剥离农村信用社不良资产、建立信贷担保基金等扶持政策。

（四）建立和完善农村信用环境和涉农信贷风险分担机制

第一，要完善农村信用环境。探索完善农村资信系统，建立对农户和农村企业信用评级制度，逐步建立完备的农户信用档案和客观适用的信用评定方法。建立农村地区社会化的信用服务机构，为农村金融机构提供资信评级、信用调查等诚信服务。

第二，要健全涉农贷款担保机制。探索建立政府扶持、企业和银行多方参与、市场运作的农村信贷担保机制。建立不同所有制形式的贷款抵押担保公司，允许多种所有制形式的担保机构并存。政府出资的各类信用担保机构应拓展符合农户分散、规模小特点的担保业务；经济条件好的地方可设立农业担保机构；现有商业性担保机构也应逐步开展农村担保业务。

（五）不断创新金融产品和服务

第一，要不断探索创新服务。当前，从根本上解决制约农村金融发展的担保难、农村资金外流、农村信贷资金的非农化、农村信贷服务的垄断、信贷供给不足问题，迫切需要进一步解放思想，实现重大的体制与金融创新。

第二，要不断探索创新产品。近年来，中央政府不断加大政策力度支持发展小额贷款，鼓励金融机构开发多样化的小额信贷产品，努力满足农民的小额信贷需求。

（六）完善农业保险政策

自 2007 年国家开展农业保费补贴试点以来，农业保险的投入不断加大，品种不断增加、范围不断扩大，为有效化解农业灾害风险发挥了积极作用。完善农业保险政策，首先要积极扩大农业保险保费补贴的品种和范围。其次，以发展现代农业为重点，积极开展农机保险；以服务“三农”为重点，积极开展农房、小额保险等涉农保险业务，为农业生产和农民生活提供更有效的保障。最后，逐步健全政策性农业保险制度，建立农业再保险体系和财政支持的巨灾风险分散机制，为粮食生产稳定发展和保障粮食安全奠定基础。

四、金融服务农业有关政策

（一）金融服务“三农”+发展

为积极顺应农业适度规模经营、城乡一体化发展等新情况、新趋势、新要求，进一步提升农村金融服务的能力和水平，实现农村金融与“三农”的共赢发展，2014 年 4 月 20 日国务院办公厅下发《关于金融服务“三农”发展的若干意见》，提出深化农村金融体制机制改革、大力发展农村普惠金融、引导加大涉农资金投放、创新农村金融产品和服务方式、加大对重点领域的金融支持、拓展农业保险的广度和深度、稳步培育发展农村资本市场、完善农村金融基础设施、加大对“三农”金融服务的政策支持 9 个方面的 35 条措施。

（二）金融支持和服务现代农业发展

为切实推动贯彻落实金融服务“三农”发展的各项要求，完善强农惠农富农政策体系，全面提升金融支农能力和水平，2014 年 8 月 1 日农业部下发《关于推动金融支持和服务现代农业发展的通知》，提出金融支农要围绕保生产、促增收，以解决农业生产“贷款难、贷款贵”为着力点，以财政促进金融为切入点，不断提高现代农业建设的金融保障水平。

（三）金融支持农业规模化生产和集约化经营

为适应农业生产方式的新变化，引导农村金融机构优化资源配置，持续加大对农业规模化生产和集约化经营的金融支持，切实保障国家粮食安全和主要农产品供给，促进农业增效和农民增收，2014 年 7 月 31 日中国银监会、农业部联合下发

《关于金融支持农业规模化生产和集约化经营的指导意见》，要求发挥金融机构各自比较优势，为农业规模化生产和集约化经营提供多元化、全方位的金融服务。银行业金融机构要适应农业规模化生产和集约化经营服务需要，优化组织架构，调整信贷结构，创新产品服务，强化激励考核，确保涉农信贷投放持续增长。银行业金融机构要主动适应现代农业发展要求，积极支持农业生产方式转变和农业经营方式创新，持续加大对农业规模化生产和集约化经营重点领域的支持力度，有效促进农业综合生产能力提升。

（四）邮政储蓄资金支持现代农业示范区建设

为发挥示范区引领农村金融创新的作用，推动邮政储蓄银行加大示范区建设支持力度、创新服务“三农”模式，2014年9月22日农业部、中国邮政储蓄银行联合下发《关于邮政储蓄资金支持现代农业示范区建设的意见》，力争到2020年，邮政储蓄银行对国家现代农业示范区的涉农贷款余额达到2 000亿元，将家庭农场、专业大户、农民合作社、农业产业化龙头企业等新型农业经营主体作为重点支持对象，将发展高效生态农业产业基地作为重点支持方向，以产业链中的龙头企业为中心，促进农业产加销、贸工农一体化发展。

（五）“两权”抵押贷款

为进一步深化农村金融改革创新，加大对“三农”的金融支持力度，引导农村土地经营权有序流转，慎重稳妥推进农民住房财产权抵押、担保、转让试点，2015年8月10日国务院印发《关于开展农村承包土地的经营权和农民住房财产权抵押贷款试点的指导意见》，开展农村承包土地的经营权和农民住房财产权（统称“两权”）抵押贷款，赋予“两权”抵押融资功能，维护好、实现好、发展好农民土地权益，落实

“两权”抵押融资功能，盘活农民土地用益物权的财产属性。

第四节　改革中的农村信用社

农村信用社作为农村金融的重要组成部分，在我国金融体系中的位置和作用是无可替代的，是农村金融体制改革的客观要求，是新农村建设重要的金融动力，是农村经济可持续发展的客观需求，为“三农”和农村经济、社会的全面发展进步有效地提供金融支持和服务，对我国农村经济的发展和社会的稳定具有重要作用。本节我们会了解农村信用社的发展变化过程，掌握农村信用社提供的产品服务种类以及申请方法。

【案例分析】

“春天行动”惠泽民生

2015 年入春以来，贵州省遵义市农村信用社 14 家行社积极开展“贵州农信·春天行动”，以开办“金融夜校”、院坝会、给返乡农民工拜早年、外出千里大走访、搭建零距离服务平台等形式服务“三农”，优先满足“三农”所需化肥、农药、种子、农机具等方面的信贷资金，对需求旺盛的种植养殖大户、经营大户优先办理，广泛做好春耕备耕金融服务，助农，惠农，富农。

3 年来，家住务川仡佬族苗族自治县涪洋镇前进村的陈建忠一家，在农村信用社的帮助下，累计无抵押贷款（信用贷款）30 万元，白手起家养牛育肥赚钱。2015 年，陈建忠家每年出栏肥牛 50 多头，每头肥牛能卖 1.2 万元，除去成本，每头牛可纯赚 3 000 多元，一年下来，全家可收入 15 万元。对于边远的贫困山村来说，陈建忠一家算是过上了富裕的日子。

【思考】

1. 您是否去过农村信用社?

2. 农村信用社帮您解决过哪些问题?

农村信用社提供多样化的业务活动和全方位的金融服务，能够稳定社区的货币流通秩序，控制和消除社区内的不法金融及高利贷行为。农村信用社究竟为农户提供哪些服务？如何申请这些服务？对农民来说，了解农村信用社的性质，掌握农村信用社的产品、服务以及申请方式非常有必要。

一、农村信用社的信贷产品

农村信用合作社（农村信用社、农信社）指经中国人民银行批准设立、由社员入股组成、实行民主管理、主要为社员提供金融服务的农村合作金融机构。

农村信用社是中国金融体系的重要组成部分，主要任务是筹集农村闲散资金，为农业、农民和农村经济发展提供金融服务。同时，组织和调节农村基金，支持农业生产和农村综合发展，支持各种形式的合作经济和社员家庭经济，限制和打击高利贷。

农村信用社的经营范围是办理存款、贷款，票据贴现，国内外结算业务。办理个人储蓄业务。代理其他银行的金融业务。买卖政府债券。代理发行，代理兑付，承销政府债券。提供保险箱服务。代理收付款项及受托代办保险业务。办理经中国人民银行批准的其他业务。

上述业务与农户日常生活、农业生产活动息息相关的是个人储蓄和贷款业务，也就是农村信用社的信贷产品与储蓄产品。

（一）个人贷款业务

1. 农户小额信用贷款

农户小额信用贷款是指农村信用社基于农户的信誉和资产等情况，在核定的授信额度内向农户发放的不需要担保的贷款。

业务特点：采取“一次核定，随用随贷，余额控制，周转使用”的授信管理方式，期限1~2年。

适用对象：具有农业户口，主要从事种植、养殖或其他与农村经济发展有关的生产经营活动的农户、个体经营户、私营企业主等。

使用范围：贷款仅用于农户日常生产经营等资金。

2. 农户联保贷款

农户联保贷款是指在农村信用社服务区域内有固定住所、经济独立的，一般不少于5户农户在自愿基础上组成联保小组，并经农村信用社核准后，由农村信用社向联保小组成员发放的贷款。

业务特点：①由符合贷款基本条件且相互间没有直系亲属关系的5户以上、10户以下若干农户，在自愿的基础上组成联保小组，对提供的贷款由该小组成员之间承担连带保证责任。②贷款额度根据借款人年收入（销售）、净资产、净利润分档确定，一般不超过50万元。

3. 信用共同体贷款

信用共同体是指农村信用社与产业经营户、政府、行业协会、中介机构等利益相关者形成互动，产业经营户之间形成“责权对等、相互信任、利益共享、风险共担”的联保体，政府、行业协会、中介机构对产业经营户进行扶持、指导、协调、服务，农村信用社对产业经营户提供信贷支持的信用体系。信用共同体贷款是指农村信用社对信用共同体中的产业经营户发放的，并由产业经营户联保体承担连带责任的贷款。

业务特点：①用信方式。产业经营户在确定的授信额度和期限内，按照“余额控制、循环使用、随用随贷、到期清偿”原则用信。②贷款用途。主要用于产业经营户流动资金，也可用于设备购置及技术改造。③贷款期限。根据产业经营户的生产经营周期确定，最长不超过授信期限。一般来说，贷款期限（含展期）不超过 3 年。

信用共同体成员义务：自愿接受农村信用社和行业管理组织的监督，在农村信用社开立结算账户，按约定用途使用贷款，到期主动还本付息，并以联保基金和自有资产作贷款担保，承担联保体所有成员贷款本息的清偿责任。在出现贷款风险时，履行连带保证责任，积极配合农村信用社采取互助、联保基金扣划、资产处置变现等措施清偿贷款本息。

4. 个人抵押贷款

抵押贷款是抵押贷款人按《中华人民共和国担保法》（以下简称《担保法》）规定的抵押方式以借款人或第三人的财产作为抵押物发放的贷款。在抵押权存续期间，抵押人不转移对抵押物的占有，借款人到期不能偿还贷款本息的，贷款人有权依法处理其抵押物。农村信用社抵押贷款按客户提供的抵押物不同分为房地产抵押贷款、果园抵押贷款、林权抵押贷款、机器设备抵押贷款等。

业务特点：①贷款期限。根据借款用途等实际情况合理确定贷款期限，最长不得超过 5 年。发放中长期贷款要制订切实可行的分期还款计划。②贷款额度。一般按评估价值的 60%（含）以内由农村信用社自主确定贷款额度。

5. 个人质押贷款

质押贷款是指贷款人按《担保法》规定的质押方式以借

款人或第三人的动产或权利为质押物发放的贷款。抵押与质押的区别：①抵押的标的物通常为不动产、特别动产（车、船等），质押以动产（如机器设备、股票）为主。②抵押要登记才生效，质押只需占有就可以。③抵押只有单纯的担保效力，质押中质权人既支配质物，又能体现留置效力。④抵押权的实现主要通过向法院申请拍卖，质押则多直接变卖。

业务特点：贷款期限一般以存货的周转天数为限，最长不超过 6 个月，利率原则上按贷款基准利率的 1.2~1.5 倍执行，贷款额度不超过质押物总金额的 60%。

适用对象：登记注册地在农村信用社服务辖区内的经工商管理部门批准的企业法人和个体工商户。

6. 个人消费贷款

个人消费贷款是指信用社向借款人发放的用于购物消费的贷款。主要向用于购买住房、购车、住房装修及其他消费需求的自然人发放。

适用对象：有稳定收入来源的个体工商户、居民、农户等。

产品特点：额度灵活，根据消费物品价格确定；贷款期限最长可达 3 年；贷款效率快，一般两天之内即可办妥。

（二）企业贷款业务

1. 中小企业联保贷款

中小企业联保贷款是指由符合条件且无关联关系的 5 家以上的中小企业自愿组成一个联保小组并签订联保协议，小组成员既是借款人又是联保人，任一成员不能按约定偿还贷款时由联保小组其他成员承担连带偿还责任的贷款。

适用对象：中小型企业。

产品功能：小企业联保贷款的基本原则是“企业申请、

一次核定、余额控制、按期还款、周转使用、多家联保、责任连带”。其功能是拓宽小企业融资渠道，缓解小企业融资担保难的矛盾。

产品特点：①灵活期限管理。结合小企业贷款“少、频、快”的特点，采取循环贷款方式，主合同期限最长可达3年，在主合同期内，企业可根据自身生产经营周期的资金需求灵活确定子合同贷款期限。②灵活利率定价。对符合中小企业联保贷款的实行利率优惠，利率定价低于企业保证贷款。③联合体的组建遵循自愿原则。

2. 社团贷款

社团贷款是指两家及两家以上具有法人资格、经营贷款业务的农村合作银行、县（市、区）联社，采用同一贷款合同，共同向同一借款人发放的贷款。按照《农村合作金融机构社团贷款指引》规定，社团贷款最长期限原则上不超过5年。

业务特点：有利于借款人扩大知名度，贷款金额较大，贷款期限较长，贷款风险较小。

适用对象：符合信用社贷款条件、信用良好、财务正常、有持续发展前景、大客户评定信用等级原则上在AA级以上、单一县级联社不能满足其合理贷款需求的企业。

3. 企业综合授信贷款

企业综合授信贷款是指农村信用社应客户申请在对中小企业的风险和财务状况进行综合评价的基础上，根据客户信用等级核定最高综合授信额度，与客户签订授信协议，使客户在一定时期和核定额度内，能够便捷地使用贷款。

产品特点：企业在授信期限、授信额度内，可根据自身需求随用随贷，余额控制、循环周转使用。节省客户与银行合作的成本。

二、农村信用社的存款业务

（一）个人存款业务

1. 活期储蓄存款

是一种无固定期、开户后可随时存取、十分灵活的储蓄存款品种，适用于个人日常生活中暂时不用和其他短期内待用资金的存储。

个人结算户存款是个人活期存款账户的一种，不仅包含一般储蓄账户的功能，还具有资金支付结算功能，具有异地汇兑等便利。

2. 整存整取定期储蓄存款

是一种开户时约定存期、一次存入、到期支取本息的储蓄存款品种。整存整取定期储蓄数字明确，利于计划实施。适宜于个人较长时间闲置资金的存储。如买农机具、供子女上学、攒钱买房、防病养老等。

3. 零存整取定期储蓄存款

是一种开户时约定存期、固定存额、每月存入一次、到期一次支取本息的储蓄存款品种。零存整取定期储蓄适合农村中多数在外打工的中青年人，每月有较固定收入来源者。

4. 存本取息定期储蓄存款

是一种开户时约定存期、本金一次存入、按约定期限分次支取利息、到期一次支取本金的储蓄存款品种。存本取息定期储蓄适合于退休回农村有养老金和抚恤金的老人，可以定期得到一笔较为固定的利息收入，有利于安排好家庭生活。

5. 定活两便储蓄存款

是一种不确定存期、可以随时支取、利率按实际存期确定、介于活期存款和定期存款之间的储蓄存款品种。定活两便储蓄，灵活机动，收益颇丰。既有活期储蓄的灵活方便，又达到一定存期享受比活期储蓄高的利息。适合有部分资金难以掌握用途时选用，既可在用钱时随时支取，又可在不用钱时获得较多利息。

6. 教育储蓄

以在校读书小孩名义存款的一种储蓄品种，享受免所得税的优惠政策。教育储蓄积少成多，适合为子女积累学费，培养理财习惯。

（二）单位存款业务

1. 单位活期存款

是在开户时不约定存款期限、可以随时存取、按规定的存款利率计付利息的一种存款品种。账户选择：基本存款账户、一般存款账户、专用存款账户、临时存款账户。

2. 单位通知存款

是一种在开户时不约定存期，本金一次存入，支取时需提前通知农村信用社营业网点，约定取款日期及金额，按实际存期和规定的利率计付利息，利随本清的一种定期类存款品种。

3. 单位协定存款

是单位与开户行社签订存款合同，双方约定期限、商定结算账户需保留的基本存款额度，超过基本存款额度的资金转入协定户，协定户下的存款享受协议优惠利率的一种存款。

4. 单位协议存款

是单位与农村信用社（合作银行）签订协议，在农村信用社（合作银行）存入的金额大、期限长的一种定期存款品种。

三、如何通过农村信用社获得资金

农村信用社所属地区不同、贷款的种类不一样，相应的程序和手续也有所不同，信用贷款、质押贷款和抵押贷款的程序、手续都略有区别，但基本程序大致一样。

（一）申请贷款的条件

1. 农户

①居住在农村信用社服务区域内。②具有完全民事行为能力。③未涉及经济纠纷，信誉良好，无不良信用记录。④从事的产业具有一定规模且前景良好。⑤有稳定收入来源，具备清偿贷款本息的能力。⑥在农村信用社开立个人结算账户。

2. 个体商户

①经工商行政管理部门批准登记注册，以自购商铺为固定经营场所，或虽无自有商铺但与有关业主形成了稳固的长期租赁关系的商户。②资信良好，无不良记录，未涉及经济纠纷。③从事产业符合国家产业政策。④有合法可靠的经济来源，具有清偿贷款本息的能力。⑤在农村信用社开立了基本账户（或个人结算账户），自愿接受农村信用社监督，能够如实向农村信用社提供有关经营活动的情况。

3. 企业

①经工商行政管理部门核准登记注册，具有独立法人资格。②企业之间相互了解信任、规模实力相当。③企业具有完善的管理规章制度和规范的财务核算基础。④产权明晰，已开业并正常经营 6 个月以上，经济效益良好，资产负债率低于 60%，偿债能力较强。⑤企业及股东、高层管理人员近 3 年内没有不良信用记录。⑥重合同、讲诚信、有良好的商誉，无不良信用记录。⑦原则上在所辖农村信用社开立了基本结算账

户。⑧从事产业符合国家产业政策和相关法律法规，特殊行业的应有特殊行业许可证。

（二）农村信用社的贷款程序

1. 受理阶段

借款人需要使用信贷业务，可向农合机构的营业点或网上银行提出申请，借款人在申请贷款时，应当填写包括借款金额、借款用途、偿还能力及还款方式等主要内容的《申请书》，并提供相关的申请资料。受理人员依据有关法律法规、规章制度及农合机构的风险管理制度审查客户的资格及其提供的申请材料，决定客户的信贷业务申请。

2. 调查评价阶段

受理完成后，进入调查评价阶段，根据客户的申请，农合机构将全面综合评价客户的资信状况，信贷业务的合法性、安全性、盈利性等情况，信贷业务的担保状况，信贷业务的风险状况等。

3. 审批发放阶段

经调查评价合格的信贷业务，审批人员依据该笔信贷业务的效益和风险进行审批。经审批同意发放的信贷业务，在落实使用条件后，将签订合同，客户支用该笔信贷业务。

4. 贷后管理阶段

农合机构将对客户执行合同情况、客户的经营情况进行追踪调查和检查，直到该笔信贷业务结束为止。

第五节　发展新型农村金融机构

一、金融支持农业规模化生产与集约化经营政策

加大对农业规模化生产和集约化经营的信贷投入，将各类

农业规模经营主体纳入信用评定范围，建立信用档案，提高授信额度，支持农业产业化龙头企业依法通过兼并、重组、收购、控股等方式组建大型农业企业集团，合理运用银团贷款方式，满足农业规模经营主体大额资金需求。围绕地方特色农业，以核心企业为中心，捆绑上下游企业、农民合作社和农户，开发推广订单融资、动产质押、应收账款保理和产商银等多种供应链融资产品。探索以厂商、供销商担保或回购等方式，推进农用机械设备抵押贷款业务。稳妥推动开展农村土地承包经营权抵押贷款试点，探索土地经营权抵押融资业务新产品，支持农业规模经营主体通过流转土地发展适度规模经营，强化对农业规模化生产和集约化经营重点领域的支持。在产业项目方面，重点支持农业科技、现代种业、农机装备制造、设施农业、农业产业化、农产品精深加工等现代农业项目。在农业基础设施方面，重点支持耕地整理、农田水利、商品粮棉生产基地和农村民生工程建设。在农产品流通领域，重点支持批发市场、零售市场和仓储物流设施建设。

二、村镇银行

村镇银行是指经中国银行业监督管理委员会依据有关法律、法规批准，由境内外金融机构、境内非金融机构企业法人、境内自然人出资，在农村地区设立的主要为当地农民、农业和农村经济发展提供金融服务的银行业金融机构。

2012 年 3 月 28 日，国务院常务会议决定设立温州市金融综合改革试验区，鼓励和支持民间资本参与地方金融机构改革，依法发起设立或参股村镇银行、贷款公司、农村资金互助社等新型金融组织，符合条件的小额贷款公司可改制为村镇银行。再次点燃民间资本尤其是小额贷款公司投资村镇银行的热情。

（一）村镇银行的特点

1. 地域和准入门槛

村镇银行的一个重要特点就是机构设置在县、乡镇，根据《村镇银行管理暂行规定》，在地（市）设立的村镇银行，注册资本不低于人民币5 000万元；在县（市）设立的村镇银行，注册资本不得低于300万元；在乡（镇）设立的村镇银行，注册资本不得低于100万元。

2. 市场定位

村镇银行的市场定位主要在两个方面：一是满足农户的小额贷款需求；二是服务当地中小型企业。为有效满足当地“三农”发展需要，确保村镇银行服务“三农”政策的贯彻实施，在《村镇银行管理暂行规定》中明确要求村镇银行不得发放异地贷款，在缴纳存款准备金后其可用资金应全部投入当地农村发展建设，然后才可将富余资金投入其他方面。

3. 治理结构

作为独立的企业法人，村镇银行根据现代企业的组织标准建立和设置组织构架，同时按照科学运行、有效治理的原则，村镇银行的管理结构是扁平化的，管理层次少、中间不易断开或时滞，决策链条短、反应速度相对较快，业务流程结构与农业产业的金融资金要求较为贴合。

4. 发起人制度和产权结构

村镇银行的创新之处“发起人制度”是指银监会规定，必须有一家符合监管条件、管理规范、经营效益好的商业银行作为主要发起银行并且单一金融机构的股东持股比例不得低于20%，此外，单一非金融机构企业法人及其关联方持股比例不得超过10%。为了鼓励民间资本投资村镇银行，银监会于

2012年5月出台《关于鼓励和引导民间资本进入银行业的实施意见》，将主发起行的最低持股比例降至15%，进一步促进了村镇银行多元化的产权结构。

（二）村镇银行经营的业务

经银监分局或所在城市银监局批准，村镇银行可经营以下业务。

①吸收公众存款。②发放短期、中期和长期贷款。③办理国内结算。④办理票据承兑与贴现。⑤从事同业拆借，从事银行卡业务。⑥代理发行、代理兑付、承销政府债券。⑦代理收付款项及代理保险业务。⑧经银行业监督管理机构批准的其他业务。

按照国家有关规定，村镇银行还可代理政策性银行、商业银行和保险公司、证券公司等金融机构的业务。

（三）村镇银行与商业银行的区别

村镇银行主要为当地农民、农业和农村经济发展提供金融服务。区别于商业银行的分支机构，村镇银行信贷措施灵活、决策快。村镇银行是独立法人机构，组织机构扁平化，且专门服务一个地区，信贷申请流程相比商业银行更加灵活、快捷。以小额信贷为例，村镇银行小额信贷往往在3天左右就可以得到贷款，如有特殊情况时间可以更短，而一般商业银行需要一周左右。

（四）申请贷款

1. 申请贷款的基本条件

①具有本地常住户口或本地有效居住身份。②有稳定、合法的收入来源，有按期偿还贷款本息的能力。③遵纪守法，品德优良，个人资信状况良好，没有不良信用记录。④能够提供村镇银行认可的担保或具备村镇银行认可的信用资格。经资格

审查合格的，经办人员应向客户介绍村镇银行信贷条件及有关规定，协商具体信贷业务事宜。对不符合规定的，应婉言拒绝其申请并作出解释。

2. 客户应提交的申请材料

①所申请贷款的借款申请书。②申请人的身份证明材料，包括有效身份证件、户口簿、居住证明等。有配偶的，应同时要求申请人提交婚姻状况证明、配偶的身份证明材料。③申请人的工作单位及收入证明材料，应结合当地情况，取得能反映申请人实际还款能力的凭据，如政府机关、事业单位、知名企业等人事制度管理规范、收入水平较高的组织机构，开具的个人工资收入证明、个人所得税完税凭证、交缴公积金证明、个体业主的营业执照及纳税凭证等。④所申请的贷款要求提供担保的，还应提交担保材料。⑤村镇银行要求提供的其他材料。

3. 办理流程

受理阶段：借款人需要使用信贷业务，可向村镇银行的营业点或网上银行提出申请，借款人在申请贷款时，应当填写包括借款金额、借款用途、偿还能力及还款方式等主要内容的《申请书》，并提供相关的申请资料。受理人员依据有关法律法规、规章制度及农合机构的风险管理制度审查客户的资格及其提供的申请材料，决定客户的信贷业务申请。

调查评价阶段：受理完成后，进入调查评价阶段，根据客户的申请，村镇银行将全面综合评价客户的资信状况，信贷业务的合法性、安全性、盈利性等情况，信贷业务的担保状况，信贷业务的风险状况等。

审批发放阶段：经调查评价合格的信贷业务，审批人员依据该笔信贷业务的效益和风险进行审批。经审批同意发放的信贷业务，在落实使用条件后，将签订合同，客户支用该笔信贷业务。

贷后管理阶段：村镇银行将对客户执行合同情况、客户的经营情况进行追踪调查和检查，直到该笔信贷业务结束为止。

三、小额信贷公司

小额贷款公司是由自然人、企业法人与其他社会组织投资设立，不吸收公众存款，经营小额贷款业务的有限责任公司或股份有限公司。与银行相比，小额贷款公司更为便捷、迅速，适合中小企业、个体工商户的资金需求；与民间借贷相比，小额贷款更加规范、贷款利息可双方协商。

（一）小额信贷公司的特征

1. 只贷不存

区别于一般的银行，小额信贷公司只能发放贷款，而不能吸收存款。资金来源只能来自有限股东（有限责任公司的不超过 50 名，股份有限公司的不超过 200 名）的自有资金、捐赠资金或单一来源的批发资金。

2. 利率放开

取消对贷款利率的管制，各家小额信贷公司可以根据自己的经营情况自行浮动小额信贷利率，但最高不能超过人民银行基准利率的 4 倍，最低利率不得低于基准利率的 90%。假如人民银行将一年以内（含一年）的贷款基准利率定为 5.35%，小额信贷公司同期贷款利率水平最高不得超过 21.4%，最低不得低于 4.815%。

3. 服务“三农”

小额信贷公司是一种服务“三农”的贷款服务组织，必须在坚持为农民、农业和农村经济发展服务的原则下选择贷款对象。

4. 区域限制

小额信贷公司只能针对所在的行政区域发放小额信贷，原则上不能跨区。

（二）小额信贷公司的优势

1. 程序简单、放贷过程快、手续简便

小额贷款公司贷款程序简单，贷款按照客户申请、受理与调查、核实抵押情况、担保情况、贷款委员会审批、签订借款合同、发放贷款、贷款本息收回等管理。一般在贷款受理之日起 7 天内办理完毕，比在银行贷款方便，也比较快捷，相比民间借贷，利息要低很多。

2. 还款方式灵活

按月等额还本付息、按季结息到期还本、到期一次还本付息或分两次还本付息等多种灵活的还款付息方式。

3. 营销模式灵活

小额贷款公司在风险可控下实行不评级、不授信的营销形式，打破了长期以来商业银行等正规金融机构的经营方式，具有方式简便、高效快捷的特点，有利于中小企业及时获得信贷支持，缓解中小企业及个体工商户的短期融资困难，一定程度上弥补了银行贷款和民间借贷之间的不足。

4. 小额贷款公司贷款质量高

小额贷款公司贷款质量高，是因为小额贷款公司贷出资金几乎全部是股东的自有资金，所以对贷款项目的审查就更为谨慎；由于小额贷款公司是私人经营，主要在当地放款，能充分了解借款人及用途，所以对风险控制有一定好处。

5. 小额贷款社会风险小

小额贷款公司不非法集资、不放高利贷、不用社会闲散人员收贷。其集资、放贷、收贷都有自己的执行办法，而且只贷不存，不涉及公众存款问题，社会风险小。

（三）小额信贷公司的贷款流程

1. 申请受理

借款人将小额贷款申请提交给小额贷款机构之后，由经办人员向借款人介绍小额贷款的申请条件、期限等，同时对借款人条件、资格及申请材料进行初审。

2. 再审核

经办人员根据有关规定，采取合理的手段对客户提交的材料真实性进行审核，评价申请人的还款能力和还款意愿。

3. 审批

由有权审批人根据客户的信用等级、经济情况、信用情况和保证情况，最终审批确定客户的综合授信额度和额度有效期。

4. 发放

落实放款条件之后，客户根据用款需求，随时向贷款行申请支用额度。

5. 贷后管理

小额信贷公司按照贷款管理的有关规定对借款人的收入状况、贷款的使用情况等进行监督检查，检查结果要有书面记录，并归档保存。

6. 贷款回收

根据借款合同约定的还款计划、还款日期，借款人在还款到期日，及时足额偿还本息，到此小额贷款流程结束。

不同公司小额贷款规定可能会略有不同，要求提交的资料可能也不尽相同，有些公司为了规避贷款风险都会要求贷款者满足一定的条件，如年龄条件、收入水平以及还贷能力等。

四、担保公司

担保公司是担负个人或中小企业信用担保职能的专业机构，通过有偿出借自身信用资源、防控信用风险来获取经济与社会效益。

个人或企业在向银行借款的时候，银行为了降低风险，不直接放款给个人，而是要求借款人找到第三方（担保公司或资质好的个人）为其做担保。担保公司会根据银行的要求，让借款人出具相关的资质证明进行审核，之后将审核好的资料交到银行，银行复核后放款，担保公司收取相应的服务费用。

（一）担保公司的成立条件

1. 担保公司注册需要满足的条件

①满足注册资本最低限额（实缴货币资本500万元人民币；从事再担保业务的融资性担保公司1亿元，并连续营业两年以上）。②有符合要求的经营场所。③符合法律规定的公司章程。④有熟悉金融及相关业务的管理和评估人员。

2. 申请成立时需要向公司登记机关提交的文件

①设立公司的申请报告（机构名称、注册资本金来源、经营场所、经营范围）。②公司章程。③工商行政管理部门核发的企业名称预先审核通知书。④各股东协议书。

（二）担保公司的优势

1. 门槛低

银行小额贷款的营销成本较高，小企业向银行直接申请贷款受理较难，造成小企业有融资需求时往往会向担保机构等融资机构求救，担保机构选择客户的成本比较低，从中选择优质项目推荐给合作银行，提高融资的成功率，就会降低银行小额贷款的营销成本。

2. 风险低

在贷款的风险控制方面，银行不愿在小额贷款上投放，主要因为银行此类贷款的管理成本较高，而收益并不明显，对于这类贷款，担保机构可以通过优化贷中管理流程，形成对于小额贷后管理的个性化服务，分担银行的管理成本，免去银行后顾之忧。

事后风险释放，担保机构的优势更是无可替代，银行直贷的项目出现风险，处置抵押物往往周期长，诉讼成本高，变现性不佳。担保机构的现金代偿，大大解决了银行处置难的问题，有些担保机构做到 1 个月（投资担保甚至 3 天）贷款逾期即代偿，银行不良贷款及时得到消除，之后由担保机构通过比银行更加灵活的处理手段进行风险化解。

3. 速度快

银行固有的贷款模式流程造成中小企业主大量的时间浪费；而担保公司恰恰表现出灵活多变的为不同企业设计专用的融资方案模式，大大节省了企业主的时间与精力，能迎合企业主急用资金的需求。

（三）担保公司的业务流程

1. 申请

客户提出贷款担保申请。

2. 考察

考察客户的经营情况、财务情况、抵押资产情况、纳税情况、信用情况、企业主情况，初步确定担保与否。

3. 沟通

与贷款银行沟通，进一步掌握银行提供的客户信息，明确银行拟贷款的金额和期限。

4. 担保

与客户签订担保及反担保协议，需办资产抵押及登记等法律手续，并与贷款银行签订保证合同，正式与银行、客户确立担保关系。

5. 放贷

银行在审查担保的基础上向客户发放贷款，同时向客户收取担保费用。

6. 跟踪

跟踪客户的贷款使用情况和运营情况，通过客户季度纳税、用电量、现金流的增长或减少最直接跟踪考察经营状况。

7. 提示

客户还贷前一个月，预先提示，以便客户提早做好还贷准备，保证客户资金流的正常运转。

8. 解除

凭客户的银行还款单，解除抵押登记，解除与银行、客户的担保关系。

9. 记录

记录本次担保的信用情况，分为正常、不正常、逾期、坏账四个档次，为后续担保提供信用记录。

10. 归档

将与银行、客户签订的各种协议以及还贷后的凭证、解除担保的凭证等整理归档、封存，以备今后查档。

【案例分析】

农业担保公司支持农民创业

2006年6月，江苏省昆山市供销合作社出资成立了昆山市农业担保有限公司，注册资本1 500万元。公司由昆山市国资委委托昆山市创业控股有限公司控股，由供销合作社运作，现注册资本8 500万元。昆山市创业控股有限公司占股80%，昆山市供销合作社占股20%。

农民创业小额贷款担保是面向全市低收入、缺少原始积累的初创业农民，特别是失地农民提供的额度较小的金融信贷服务。“初创型”最高担保额度5万~15万元，扶持期3年，满3年扶持期，企业注册资本满50万元、年销售额达到200万元，可成为“成长型”企业，最高担保额度30万~60万元，扶持期3年。由于贷款数额较小、贷款人多且分散在全市各个区镇，为方便借款人办理贷款委托担保和反担保手续，昆山市农业担保有限公司遵循“服务到区镇，服务到社区”的宗旨，采取深入农村、分批次现场集中办理的办法，约定会办时间，通知各借款人到指定地点，担保公司派人会同市、镇有关人员、当地农村商业银行业务员到场集中会审办理相关手续，简化了程序，方便了群众。

担保公司与借款人签订《委托担保保证合同》，与借款人的反担保人签订《反担保保证合同》，借款人与农村商业银行签订《保证合同》，同时填写借款借据等。担保公司在银行的《保证合同》上签字盖章，办理相关的担保手续。反担保人对象为机关事业单位的领导及工作人员等。各镇成立农民创业小额贷款风险基金，每个镇贷款风险基金额度30万元，全市11个镇（区）计330万元，用于农民创业失败者的小额贷款赔付。

2006—2013 年，昆山市农业担保有限公司累计完成担保业务 18.8 亿元，惠及农户 1.4 万余户。该公司还尝试参与对高效设施农业、适度规模经营农业进行担保服务，扩大农副产品平价直销店、发展镇级中型超市的担保扶持力度。扩大小额贷款担保服务面，对已扶持 6 年的创业企业继续提供金融担保支持，将符合条件的小微企业纳入扶持范围。

【思考】

1. 是否可以从担保公司直接贷款？为什么？
2. 担保公司和银行是什么关系？

第六节　发展农村合作金融政策

2016 年，国家继续支持农民合作社和供销合作社发展农村合作金融，进一步扩大在农民合作社内部开展信用合作试点的范围，不断丰富农村地区金融机构类型。坚持社员制、封闭性原则，在不对外吸储放贷、不支付固定回报的前提下，以具备条件的农民合作社为依托，稳妥开展农民合作社内部资金互助试点，引导其向“生产经营合作+信用合作”延伸。进一步完善对新型农村合作金融组织的管理监督机制，金融监管部门负责制定农村信用合作组织业务经营规则和监管规则，地方政府切实承担监管职责和风险处置责任。鼓励地方建立风险补偿基金，有效防范金融风险。

第五章　农业保险政策

农业保险是农业生产经营的“防火墙”“安全网”“稳定器”和“助推器”，是农民心中的“定心丸”。随着农业保险知识的普及，越来越多的农民特别是种养大户、家庭农场、合作社等新型农业经营主体对依靠农业保险化解农业风险的需求更为强烈。作为现代农业发展的重要支柱，农业保险是转嫁农业风险的重要工具，也是世贸组织允许的各国支持农业发展的“绿箱”政策，在保障农业发展、促进农民增收和维护农村稳定等方面所发挥的作用越来越大，日益受到各国政府的重视。

第一节　防范农业风险

农业是受灾害影响比较大的产业，一旦遇到灾害，直接影响农民生产经营的收益，老百姓通常也将农业称作“靠天吃饭”的行业。如何去认识、防范、转嫁农业风险成为促进农业健康持续发展的重要课题。农业保险作为现代农业发展的重要支柱，是帮助农民特别是专业大户、农民合作社、家庭农场等新型农业经营主体转嫁农业风险、减少灾后损失的重要手段。本节我们会认清农业风险的特点和危害，正确认识农业保险在农业生产经营中的作用，了解政策性农业保险出台的背景、承保品种、覆盖范围。

农业的生产经营过程在很大程度上都受外部环境和条件变化影响，并且这种影响具有不可预测性，直接影响农业的生产效率和农民的收益。作为农业生产经营者，要想不再“因灾致贫、因灾返贫”，就要明白农业生产经营中面临的风险以及化解这些风险的防范措施，了解目前国家政策性农业保险承包的品种以及可以选择的农业保险。因此，对农民而言，了解农业风险、熟悉保险政策是发家致富奔小康的有效保障。

一、农业风险及其防范

（一）农业风险的含义和分类

1. 农业风险的含义

农业风险是在农业生产经营过程中遭受到因洪涝、干旱、疫病等灾害导致的财产损失、人身伤亡或者其他经济损失等风险损失的不确定性。这种不确定性是否会发生、什么时候发生、发生所造成的损失程度都是难以预测的，即便是可以预测也是人力所无法抗拒的。

【小常识】

影响我国不同地区的主要风险

东部　台风、旱灾、雨涝、病害

中部　旱灾、雨涝、病害、洪水

西部　旱灾、病害、洪水、冰雹

我国是一个农业自然灾害频发的国家，不同的区域面临的灾害状况也各不相同。总体来说，我国的农业风险主要具有种类多、范围广、区域性、季节性、风险相对集中、损失相对严重等特点。

对于农业而言，不仅风险种类远远高于工业和服务业，而且由于自身的弱质性和生产过程的特殊性，对灾害的抵抗能力较弱，面临的风险损失程度也远远高于工业和服务业，是典型的风险产业。

2. 农业风险的分类

（1）自然风险。指刮风下雨、旱涝冰雹、低温寡照等自然因素异常造成的灾害损失。这类损失轻则减产降质，重则颗粒无收。

（2）疫病风险。是指动植物由于遭受疾病而造成的损失，特别是养殖业的疫病风险危害性更大。

（3）市场风险。是指经济环境变化带来的农业风险，如农产品价格波动、生产资料价格上涨、利率变化、进出口贸易形势变化等。

（4）政策风险。是指由国家农业政策变化所造成的风险。如价格支持政策、产业支持政策、土地政策的变动都会给农业生产经营带来不确定性。

（5）社会风险。是指由社会条件异常带来的风险，主要包括行为风险和技术风险。

（二）农业风险的防范措施

（1）预防。针对可能引发灾害损失的风险，事前积极采取喷洒农药、注射疫苗、定期消毒等相应措施来规避或者降低损失。

（2）灾后减损措施。在发生灾害后，积极采取补救措施，开展灾后生产，争取将灾害损失降低到最小。

（3）投保农业保险。农业保险是农业生产的保护伞，通过事前投保农业保险，一旦遇到灾害损失，就可以从保险经办机构获得一部分损失补偿，有利于及时恢复农业生产。

二、农业保险政策的出台

农业保险是由保险经营机构经营，专门对农业生产者在从事农业生产过程中因遭受约定的自然灾害、意外事故和疫病所造成的经济损失承担赔偿保险金责任的保险。根据农业生产对象来分，农业保险可以分为种植业保险、养殖业保险、渔业保险和森林保险四大类；根据保障程度来分，可以分为成本保险、产量保险或者产值保险；根据是否享受扶持政策来分，可以分为政策性农业保险和商业性农业保险。其中，政策性农业保险享受国家扶持政策，是指以保险公司市场化经营为依托，政府通过保费补贴等政策扶持，对种植业、养殖业等因遭受自然灾害和意外事故造成的经济损失提供的直接物化成本保险。

1. 出台背景

为积极支持解决“三农”问题，完善农村金融服务体系，构建市场化的生产风险保障体系，提高农业灾后恢复生产的能力，增强农业经济的稳定性，2007 年，中央财政选择吉林、内蒙古、新疆等 6 个省、自治区对玉米、水稻、大豆、棉花、小麦、能繁母猪等品种开展农业保险保费补贴试点，拉开了政策性农业保险的序幕。此后，中央财政不断增加保费补贴品种，扩大保费补贴区域，推动农业保险持续快速发展，农业保险保费补贴已经成为国家支持和保护农业发展的重要手段。2014 年，农业保险实现保费收入 325. 7 亿元，提供风险保障 1. 66 万亿元，参保农户 2. 47 亿户次，承保主要农作物面积突破 11 亿亩。

2. 政策性农业保险的品种及实施范围

随着农业保险保费补贴政策的不断完善，中央财政对政策性农业保险支持力度不断加大，补贴品种不断增多，覆盖区域不断扩大。

（1）政策性农业保险品种。目前，中央政策性农业保险范围涵盖了种植业保险、养殖业保险、森林保险三大类 15 个品种，分别为玉米、水稻、小麦、棉花、马铃薯、油料作物、糖料作物、青稞，能繁母猪、奶牛、育肥猪、藏系羊和牦牛，天然橡胶、森林。

（2）政策性农业保险实施范围。①种植业保险。覆盖到全国31个省、自治区、直辖市以及新疆生产建设兵团、中央直属垦区、中储粮北方公司、中国农业发展集团公司。②养殖业保险。覆盖全国31个省、自治区、直辖市以及新疆生产建设兵团。③森林保险。江西、湖南、福建、浙江、辽宁、云南、广东、四川、广西、山西、内蒙古、吉林、甘肃、青海、大连、宁波、青岛和大兴安岭林业集团公司。④天然橡胶保险。海南省。

3. 政策性农业保险的保费补贴标准

政策性农业保险的保费主要由中央、省级、市（县）级财政和农户共同分担。其中，农户自付的比例根据各地财政补贴力度不同而有所差异，而中央财政对政策性农业保险保费补贴的力度呈逐年加大趋势。具体补贴标准如下。

（1）种植业保险补贴标准。在省级财政至少补贴25%的基础上，中央财政对中西部地区的补贴比例为40%，对东部地区的补贴比例为35%，对新疆生产建设兵团、中央直属垦区、中储粮北方公司、中国农业发展集团有限公司（以下简称中央单位）的补贴比例为65%。

（2）养殖业保险补贴标准。对于能繁母猪、奶牛、育肥猪保险，在地方财政至少补贴30%的基础上，中央财政对中西部地区的补贴比例为50%，对东部地区的补贴比例为40%，对中央单位的补贴比例为80%。

（3）森林保险补贴标准。一是公益林保险补助。在地方财政至少补贴40%的基础上，中央财政补贴比例为50%，对大兴安岭林业集团公司的补贴比例为90%。二是商品林保险补助。在省级财政至少补贴25%的基础上，中央财政补贴比例为30%，对大兴安岭林业集团公司的补贴比例为55%。

（4）藏区品种保险补贴标准。在省级财政至少补贴25%的基础上，中央财政补贴比例为40%，对中国农业发展集团有限公司的补贴比例为65%。

4. 农业保险政策的功能

新时期，随着种养大户、农民合作社、家庭农场等新型农业经营主体的蓬勃兴起，土地流转速度日益加快，规模化经营程度越来越高，农业风险也呈集聚态势，农业生产经营对农业保险转移分散风险、分摊经济损失的功能需求更加强烈。总体而言，实施农业保险政策主要有以下几个方面的重要功能。

（1）有利于减少灾害对农民生产生活的影响，稳定和保障农民收入，不断提高农民生活水平。

（2）有利于通过保险机制发挥财政支持政策的杠杆效应，使广大农民切实享受到国家惠农政策带来的效益。

（3）有利于扩大保险的覆盖面，激发农业保险产品创新，提高保险业服务农村经济社会发展的能力。

（4）有利于促进农村金融市场的培育和发展，增加金融支持农产品创新供给，为农村经济社会协调发展提供全面的金融服务。

第二节　农业保险支持政策

目前，中央财政提供农业保险保费补贴的品种包括种植业、养殖业和森林3大类，共15个品种，覆盖了水稻、小麦、玉米等主要粮食作物以及棉花、糖料作物、畜产品等，承保的主要农作物突破14.5亿亩，占全国播种面积的59%，三大主粮作物平均承保覆盖率超过70%。各级财政对保费累计补贴达到75%以上，其中中央财政一般补贴35%~50%，地方财政还对部分特色农业保险给予保费补贴，构建了“中央支持保基本，地方支持保特色”的多层次农业保险保费补贴体系。

2015年，保监会、财政部、农业部联合下发《关于进一步完善中央财政保费补贴型农业保险产品条款拟定工作的通知》，推动中央财政保费补贴型农业保险产品创新升级，在几个方面取得了重大突破。一是扩大保险范围。要求种植业保险主险责任要涵盖暴雨、洪水、冰雹、冻灾、旱灾等自然灾害，以及病虫草鼠害等。养殖业保险将疾病、疫病纳入保险范围，并规定发生高传染性疾病政府实施强制扑杀时，保险公司应对投保户进行赔偿（赔偿金额可扣除政府扑杀补贴）。二是提高保障水平。要求保险金额覆盖直接物化成本或饲养成本，鼓励开发满足新型经营主体的多层次、高保障产品。三是降低理赔门槛。要求种植业保险及能繁母猪、生猪、奶牛等按头（只）保险的大牲畜保险不得设置绝对免赔，投保农作物损失率在80%以上的视作全部损失，降低了赔偿门槛。四是降低保费费率。以农业大省为重点，下调保险费率，部分地区种植业保险费率降幅接近50%。

2016年年初，财政部出台《关于加大对产粮大县三大粮食作物农业保险支持力度的通知》，规定省级财政对产粮大县三大粮食作物农业保险保费补贴比例高于25%的部分，中央财政承担高出部分的50%。政策实施后，中央财政对中西部、东部的补贴比例将由目前的40%、35%，逐步提高至47.5%、42.5%。

第三节　财政支持建立全国农业信贷担保体系政策

2015年，财政部、农业部、银监会联合下发《关于财政支持建立农业信贷担保体系的指导意见》（财农〔2015〕121号），提出力争用3年时间建立健全具有中国特色、覆盖全国的农业信贷担保体系框架，为农业尤其是粮食适度规模经营的新型经营主体提供信贷担保服务，切实解决农业发展中的

"融资难""融资贵"问题，支持新型经营主体做大做强，促进粮食稳定发展和农业现代化建设。

全国农业信贷担保体系主要包括国家农业信贷担保联盟、省级农业信贷担保机构和市、县农业信贷担保机构。中央财政利用粮食适度规模经营资金对地方建立农业信贷担保体系提供资金支持，并在政策上给予指导。财政出资建立的农业信贷担保机构必须坚持政策性、专注性和独立性，应优先满足从事粮食适度规模经营的各类新型经营主体的需要，对新型经营主体的农业信贷担保余额不得低于总担保规模的70%。在业务范围上，可以对新型经营主体开展粮食生产经营的信贷提供担保服务，包括基础设施、扩大和改进生产、引进新技术、市场开拓与品牌建设、土地长期租赁、流动资金等方面，还可以逐步向农业其他领域拓展，并向与农业直接相关的二三产业延伸，促进农村一二三产业融合发展。

第四节　农业保险运营

农业保险是农业生产经营的"稳定器"，是农民心中的"定心丸"。随着农业保险知识的普及，越来越多的农民特别是种养大户、家庭农场、合作社等新型农业经营主体对依靠农业保险化解农业风险的需求更为强烈。但如何选择适合自己的农业保险？该去哪家保险机构投保？发生灾害事故又该如何申请赔偿？不少农民还心存疑惑。本节我们会了解农业保险机构，熟悉农业保险投保和理赔程序。

【案例分析】

国内只有4家专业农业保险公司的格局即将被打破

中原农业保险股份有限公司于2014年9月10日获得保监

会批筹。批复文件显示，中原农业保险由河南省农业综合开发公司、河南中原高速公路股份有限公司、河南省豫资城乡投资发展有限公司、洛阳城市发展投资集团有限公司、周口市综合投资有限公司、安阳经济开发集团有限公司等17家公司共同发起筹建，注册资本11亿元。

在此之前，国内有4家专业农业保险公司，分别为吉林的安华农业保险股份有限公司、黑龙江的阳光农业相互保险公司、安徽的国元农业保险股份有限公司和上海的安信农业保险股份有限公司。

河南作为农业大省，需要一家属于自己的农业保险法人机构。河南省的农业保险业务从2007年开展以来，已覆盖了全省18个地市108个县区。凡是享有中央财政补贴的包括种植业、养殖业以及林业在内的各个险种都已开展。不仅如此，河南省还有肉鸡和烟叶两个特有的险种。近几年的财政补贴政策是中央财政40%，省财政25%，市级财政5%，县级财政10%，剩下的20%由农户和养殖户缴纳。从2007年到2014年，全省实现保费收入40多亿元，呈逐年上升的发展态势。

【思考】

1. 目前经营农业保险的保险公司有哪些？
2. 哪些对象适合参加农业保险？

一、农业保险的经营机构

目前，经营农业保险的主要保险公司可以分为两类：一类是中国人民财产保险股份有限公司、中华联合保险控股股份有限公司、中国大地财产保险股份有限公司等综合性保险公司，农业保险品种较为丰富、覆盖范围较广；另一类是吉林的安华农业保险股份有限公司、黑龙江的阳光农业相互保险公司、安徽的国元农业保险股份有限公司、上海的安信农业保险股份有限公司等专业性农业保险公司，这些保险公司一般都是以所在省份为中心，辐射全国，开展农业保险经营。

二、农业保险的申办程序

如何选择农业保险？投保农业保险应当做哪些事前准备工作？如何进行投保？应当注意哪些问题？我们从农业保险投保前准备、投保流程、投保注意事项等方面进行详细解答。

1. 投保前的准备

在农业保险投保前，应与当地相关农业保险公司联系并充分沟通，了解相关农业保险信息，以此来选择适合自己生产经营需求的农业保险。

【小知识】

投保前应了解的农业保险信息

当地经营农业保险的保险公司有哪些？各自都有哪些农业保险品种？哪种险种适合自己的生产经营情况？

所需的农业保险品种投保的条件是什么？相关保费是多少？保险金额是多少？承保的风险有哪些？理赔程序是什么？

所需的农业保险品种是商业性保险还是政策性保险？若是政策性农业保险，则保险保费补贴是多少？补贴比例是多少以及相关的优惠措施是什么？

农业保险条款的内容是什么？尤其要了解保险标的、免责条款、双方权利义务等重要信息。

2. 投保流程

第一步，投保人向保险公司提出投保申请，并填写保单；第二步，保险公司受理保单，并对投保人等资料进行查验，查验保险标的是否符合投保条件、保险标的实际情况是否与保单填写相符等信息，确定是否承保；第三步，等保险公司确定承保后，投保人缴纳保险费；第四步，保险公司出具保险单；第五步，投保人签收保险合同。

3. 投保注意事项

(1) 应当选择正规农业保险经营机构或保险业务员办理保险合同，以免上当受骗。

(2) 应当仔细阅读农业保险合同，存有疑问的地方一定要及时咨询。

(3) 农业保险投保完成后，应妥善保管相关单据：保险单、缴费发票、附带农业条款以及相关部门出具的防疫、健康、死亡原因等证明。

(4) 农业保险投保后，并不意味着所有灾害都能得到赔偿和所有的投入都能弥补，因此，仍然需要认真管理经营，积极采取有效措施防范风险。

三、农业保险的理赔程序小知识

农业保险理赔是指农业保险标的发生保险事故而使被保险人财产受到损失或人身生命受到损害时，或保单约定的其他保险事故出险而需要给付保险金时，保险公司根据合同规定，履行赔偿或给付责任的行为。

【小提示】

因被保险人故意或者重大过失未及时报案，导致保险事故的性质、原因、损失程度等难以确定，保险公司不承担赔偿责任，因此，及时报案十分重要。

1. 报案

一旦遇到灾害事故，投保农民应及时向保险公司客服或者通过村协保员、乡镇保险代理员向保险公司报案，同时保护好标的物和灾害事故现场。

2. 查勘定损

保险公司在接到投保农户报案后，应在24小时内组织相关人员进行现场查勘，因不可抗力或重大灾害等原因难以及时到达的，应及时与报案农户联系并说明原因。查勘结束后，保险公司应及时定损，并做到定损结果确定到户。

3. 立案

保险公司应在确认保险责任后，及时立案，并根据查勘定损情况及时调整估损金额。

4. 理赔公示

农业生产经营组织、村民委员会等组织农户投保种植业保险的，保险公司应将查勘定损结果、理赔结果在村级或农业生产经营组织公共区域进行不少于3天的公示。保险公司根据公示反馈结果制作分户理赔清单，列明被保险人姓名、身份证号、银行账号和赔款金额，由被保险人或其直系亲属签字确认。农户提出异议的，保险公司应进行调查核实后据实调整，并将结果反馈。

5. 核赔

保险公司对查勘报告、损失清单、查勘影像、公示材料等关键要素进行审核。

6. 赔款支付

保险公司应在与被保险人达成赔偿协议后10日内支付赔款。其中，农业保险合同对赔偿保险金的期限有约定的，保险公司应当按照约定履行赔偿保险金义务。

第六章　农民教育、农业科技与信息化政策

农村实用人才是指具有一定知识和技能，为农村经济和科技、教育、文化、卫生等各项事业发展提供服务、做出贡献、起到示范和带动作用的农村劳动者。目前出台的支持政策包括农村实用人才带头人示范培训、百名农业科教兴村杰出带头人、全国杰出农村实用人才项目以及农村实用人才认定试点工作等。培训新型职业农民的支持政策包括学费减免政策、新型职业农民培育试点工作等。

农业科技推广与服务主要介绍了粮棉油糖高产创建、测土配方施肥以及防灾减灾技术推广等。

农业信息化主要介绍了“互联网+”农业和农业综合信息服务平台。“互联网+”农业是指利用互联网提升农业生产、经营、管理和服务水平，当前我国已经开展电子商务进农村综合示范工作。农业综合信息服务平台包括“三电合一”项目、12316“三农”综合信息服务平台等。

第一节　农民教育与培训

迎接新挑战，适应新常态，推进现代农业发展，要靠科技创新，也要靠人才驱动。培育新型职业农民和培养农村实用人才，是当前“三农”工作比较紧迫的任务，是提高劳动生产率、资源利用率、农业竞争力和可持续发展力的重要举措。本任务我们会了解“农村实用人才”和“新型职业农民”的提出背景、实践情况、认定标准、优惠政策等。

【案例】

淅川县新型职业农民热衷“职业规划”

“今年不再漫无目的闷头干活了，而是根据规划接订单、做菌棒。”2013年，河南省淅川县毛堂乡店子村毛新伟的菌棒种植量比2012年翻了一倍。但与此同时，他用于考察市场、学习技术的时间却比往年充裕多了。

毛新伟是店子村的食用菌种植大户，菌棒的年种植量一直在6万段左右。全家人每天从早忙到晚，一年到头都得围着菌棒团团转，根本没空“充电”学新技术。

2013年4月，毛新伟被村里列入了首批新型职业农民培训班名单，他有了贴身指导的“职业规划导师”。他的生活开始发生了明显变化：不再每天埋头在菇棚里忙活，而是制订了工作进度规划表，根据计划花更多的时间做市场拓展，并且尝试发展订单农业。

2013年，淅川县毛堂乡店子村作为淅川县新型职业农民培训试点村，选拔了60名初中以上学历、菌棒栽培量达到3万段以上的种植大户作为“第一期学员”，他们除了定期参加技能学习、在导师指点下制定职业规划外，还能随时获得农技专家的指导，通过考核达标的农民不仅能拿到新型职业农民证书，还可以享受到种植补贴、技术扶持等多项优惠政策。

店子村50%的农户从事食用菌生产。过去，大多数人都不问市场、不问技术，埋头苦干，常常是一年忙活下来，效益却不明显。全村务农劳动力中，具有小学、初中文化程度的占到85%以上，但参加过技能培训的却不足15%。

和许多新涉足食用菌行业的村民一样，粗放型的种植模式令农户赵全红吃了不少亏。因此，“转型提升、全面发展”的诉求在青年一代农民中显得尤为强烈。赵全红说：“第一年没经验，全凭自己摸索，结果5 000段菇棒只成活了一半，损失惨重。”“近半年的系统化培训不仅提升了我的种植技术，也让我学会做市场规划、接洽客户，发展产业不再盲目。”

【思考】

1. 新型职业农民培训给案例中的村民带来哪些新变化？

2. 国家出台的有关农民职业教育培训的政策有哪些？

随着信息化的快速发展，农民吸收资讯的途径也在逐步增加，一方面逐渐认识到职业能力和科学技术的重要性，另一方面也了解到国家为农民提供了多种渠道和平台来提升职业能力，但是到底可以申请哪些资格认定？又有哪些职业培训适合我们？成为职业农民后又可以得到哪些优惠政策？可见，充分了解职业培训信息并加以利用才是致富的关键。

一、培养农村实用人才

（一）出台背景

农村实用人才是指具有一定知识和技能，为农村经济和科技、教育、文化、卫生等各项事业发展提供服务，做出贡献，起到示范和带动作用的农村劳动者。2007年中共中央办公厅、国务院办公厅发布了《关于加强农村实用人才队伍建设和农村人力资源开发的意见》；2012年中央一号文件明确提出要大力培训农村实用人才，以提高科技素质、职业技能、经营能力为核心，大规模开展农村实用人才培训；2013年，农业部办公厅印发了《农村实用人才认定试点工作方案》，在11省份的部分县（市）进行试点工作，以探索在东、中、西部地区开展农村实用人才认定的办法和经验；2015年农业部开始统筹开展新型职业农民和农村实用人才认定工作。

（二）现有政策

1. 开展农村实用人才带头人和大学生村官示范培训

自2006年开始，农业部以培养农村实用人才带头人为目标，在全国范围内遴选了一批社会主义新农村建设先进村，作为农村实用人才培训基地，开展了别具特色的农村实用人才带头人示范性培训工作。此后每年农业部都会组织开展该项培训。从2013年开始，农业部又携手中组部开展大学生村官示范培训。

【小知识】

农村实用人才的分类

生产型人才

经营型人才

技能服务型人才

社会服务型人才

技能带动型人才

截至2015年年底，通过在全国认定的29个部级基地、8个省级基地，累计举办培训班548期，培训农村实用人才带头人和大学生村官54 800余人，其中培训大学生村官1.2万多人。培训采取“村庄是教室、村官是教师、现场是教材”模式，通过专家讲课、参观考察、经验交流等方式，为农村培养造就了一批创业兴业水平高、致富带富能力强的实用人才带头人队伍。

学员选调采取省级农业部门和组织部门负责、地方推荐的形式，不同主题的培训班面向不同的对象。以2016年为例，家庭农场（种养大户）主题培训班面向种植大户、养殖大户、从事种植业和养殖业的家庭农场经营管理人员；农民合作社主题培训班面向农民合作社经营管理人员；美丽乡村主题培训班面向村支部委员会和村民自治委员会成员，并向获得农业部“美丽乡村”“中国最美休闲乡村”等称号的村倾斜；大学生村官创业培训班面向的是在农村工作1年以上的大学生村官。对所有参训学员的基本要求是身体健康、年龄在60岁以下、没有参加过往期示范培训班。

2. 百名农业科教兴村杰出带头人

（1）目的。为激励扎根农村基层、在农业科教兴村中做出杰出贡献的带头人。

（2）资助对象。为全国范围农业科教兴村杰出带头人，包括村支书、村主任、农民合作经济组织带头人和大学生村官等。

（3）申报条件。农业科教兴村杰出带头人应拥护党的路线、方针、政策，热爱祖国，在“三农”事业中守信念、讲奉献、有本领、重品行。

【小知识】

农业科教兴村杰出带头人应具备的条件

带头按照“生产发展、生活宽裕、乡风文明、村容整洁、管理民主”的要求，坚持农业科教兴村，努力实现农业增产、农民增收、农村繁荣，维护农村社会和谐稳定。

带头落实上级党委、政府各项支农惠农强农政策。

带头抓好农业生产，推进农业产业结构调整，推广普及农业实用技术。

带头发展农民合作经济组织和致富项目，为农民群众提供多种形式的生产经营服务，千方百计增加农民收入。

带头培训农村实用人才，大力培育新型职业农民，提高务农农民素质。

(4) 资助方式。评选出的农业科教兴村杰出带头人，每人资助 5 万元。

3. 全国杰出农村实用人才项目

全国杰出农村实用人才项目是农业部国际合作司和先正达(中国) 投资有限公司联合制定的《先正达农业科教与农村发展基金》的子项目之一，是现代农业人才支撑计划的有益补充。通过资助全国杰出农村实用人才创业兴业，并借助典型案例宣传和示范带动，大力营造关心支持全国农村实用人才队伍建设的良好氛围。

【小知识】

受项目资助的农村实用人才应具备的条件

全国杰出农村实用人才项目用于资助在农业农村工作中贡献突出、扎根基层、奉献农业的杰出农村实用人才。资助经费一次性发放，每人 5 万元。受资助人选应具备以下条件。

模范遵守国家法律法规，具有良好品德和社会影响，务实创业，得到当地群众的认可。

在农村从事农业生产、农产品加工和农村经营管理，有较好的创业基础，有强烈的创业欲望，有较大的发展潜力。

重点向种养大户、农村专业合作组织领办人、休闲农业创办人以及大学生村官、返乡创业者等倾斜。

年龄一般不超过 40 周岁。

二、培训新型职业农民

(一) 出台背景

2012 年中央一号文件提出“大力培育新型职业农民，对未升学的农村高初中毕业生免费提供农业技能培训，对符合条件的农村青年务农创业和农民工返乡创业项目给予补助和贷款支持”。大力培养新型职业农民，是党中央、国务院为加快农业农村发展，解决“谁来种地、怎样种好地”问题而提出的一项战略决策。目前山西、上海、江苏、安徽、湖南、广西、四川、云南、陕西9省、自治区、直辖市出台了专门文件，对新型职业农民培育工作作出全面部署。

（二）现有政策

1. 学费减免政策

近年来，党和国家十分重视农村职业教育工作，先后出台了一系列优惠政策和措施，对全日制涉农专业农村学生实行免学费等，2012年10月国务院常务会议决定，自2012年秋季学期起，将中等职业教育免学费范围由涉农专业学生，扩大到所有农村（含县镇）学生、城市涉农专业学生，这为新型职业农民的培养提供了有力的政策支持。

2. “现代青年农场主培养计划”

“现代青年农场主培养计划”旨在吸引和扶持农村青年创业兴业，培养对象为18~45周岁的种养大户、家庭农场经营者、农民专业合作社骨干、返乡创业大学生、中高职毕业生、返乡农民工和退伍军人，培养期为3年，其中培育2年，后续跟踪服务1年。培训内容包括职业素养、创业能力、政策法规、产业发展和案例教学等，通过培训指导、创业孵化、认定管理、政策扶持和跟踪服务等系统培育，打造一支创业能力强、技能水平高、带动作用大的青年农场主队伍。

3. 新型职业农民培育试点工作

自2012年8月农业部办公厅印发《新型职业农民培育试点工作方案》以来，各地积极开展新型职业农民培育试点工作，进行有效探索，取得初步成效。2015年中央财政安排11

亿元农民培训经费，继续大力实施新型职业农民培育工程，在全国 4 个整省、20 个整市和 500 个示范县开展重点示范培育，围绕主导产业开展农业技能和经营能力培训，加大对专业大户、家庭农场经营者、农民合作社带头人、农业企业经营管理人员、农业社会化服务人员和返乡农民工的培养培训力度。同时制定政策和规划，整合教育培训资源，围绕“调结构、转方式”的目标，培育 1 万名现代青年农场主，壮大新型职业农民队伍，构建新型职业农民教育培训、认定管理和政策扶持互相衔接配套的培育制度，为现代农业发展提供人力支撑，确保农业发展后继有人。2016 年 5 月，农业部办公厅印发《2016 年推进农业供给侧结构性改革重点任务工作方案》中要求重点开展的 24 项工作中包含培育新型职业农民，要求实施新型职业农民培育工程，创新新型职业农民培育模式和方法，全年培育 100 万名新型职业农民、1 万名青年农场主和 2 万名农村实用人才带头人。

（三）资格认定

为深入推进新型职业农民和农村实用人才队伍建设，加快完善教育培训、认定管理、政策扶持“三位一体”工作制度，农业部于 2015 年在全国统筹开展新型职业农民和农村实用人才认定工作。

1. 认定标准

根据当地产业发展水平和生产要求，以职业素养、教育培训情况、知识技能水平、生产经营规模和生产经营效益等为参考要素，根据实际逐步建立初、中、高三个等级的认定标准。

2. 认定程序

农民自愿提出认定申请，填写认定信息采集表。县级农业主管部门按照认定管理办法要求，组织开展认定工作。对符合条件和标准的农民要进行公示，公示无异议后，认定为新型职业农民。农业广播电视学校（农民科技教育培训中心）等公共服务机构作为承办机构，具体负责受理审核、建档立册、证书发放、信息库管理及相关组织服务等认定事务，确保认定工作规范开展。

3. 统计工作

鼓励专业技能型和专业服务型职业农民参加培训获得培训证书，参加职业技能鉴定获得国家职业资格证书。各地要根据工作实际明确专业技能型和专业服务型职业农民统计标准和指标体系。县级农业行政主管部门要组织做好符合条件农民的统计信息采集入库工作。

4. 证书发放

对认定的生产经营型职业农民颁发新型职业农民证书（简称“新绿证”），作为享受扶持政策的有效凭证。

5. 动态管理

生产经营型职业农民实行动态管理，按年度进行复核。开展新型职业农民信息档案建立工作，登录中国新型职业农民网（www. zhynm. cn），将认定和统计信息采集表录入新型职业农民信息库，实行电子化管理。

6. 扶持政策

开展评价认定便于落实扶持政策。农业农村人才工作的一条重要经验就是人才培养要和产业发展相结合。2016 年全国农业农村人才工作会议提出，要把财政支持产业发展的补贴资金、示范推广项目以及土地流转政策、金融信贷支持等向新型经营主体和农村实用人才倾斜，这就应该明确“谁是农村实用人才”“谁是新型职业农民”，也就是要明确政策扶持的对象。

【案例】

肥东县新型职业农民培训圆了农民“致富梦”

2015年9月，安徽省肥东县政府网报道了石塘镇青春村的种植大户施广元，自打参加新型职业农民培训后，观念新了，脑子活了，在他自己承包的80亩葡萄园里运用新技术，抓规模生产，选种优良品种，实施无公害农业生产，成为有名的种植大户。

在开展新型职业农民培训时，肥东县认真筛选培训对象，采取个人申请、村委推荐、乡镇初审、县农委确定等程序择优确定学员。这样培训对象更有针对性，授课效果更好，能将专业知识很快应用到实际生产中。同时丰富培训形式，肥东县针对养殖、种植户对科技培训、市场销售知识需求旺盛的特点，聘请了专业教师和市场销售指导师，通过面对面、手把手指导，提高了农民的专业知识和实践能力。他们还注重全程指导，定期到各位学员家中指导，有针对性地解决问题。做到开展系统知识培训与跟踪指导服务相结合、理论教学与实践教学相结合、参观考察与经验交流相结合、传统培训方式与现代培训手段相结合，提高培训效率。注重实践实训、技能操作，推行农民田间学校、送教下乡等培训模式，提高了学员的参与性、互动性和实践性。

为更好地帮助学员创业致富，肥东县统筹各类农技人员力量，建立农技人员跟踪联系服务制度，实行农技人员与新型职业农民对接，通过现场指导、网络信息平台远程指导等途径，为新型职业农民提供技术服务，不断提升新型职业农民综合素质。

【思考】

1. 肥东县通过新型职业农民培训得到哪些益处?

2. 肥东县的哪些做法有力推动了新型职业农民培训?

第二节 农业科技推广与服务

农业科技推广是发展现代农业、实现农民持续增收的重要举措。要实现农业现代化，离不开科学技术的支撑，关键在于农业科技在基层的推广。本节我们会了解目前我国农业科技推广与服务的政策和项目，包括粮棉油糖高产创建、测土配方施肥、防灾减灾技术推广。

【案例】

科技助推山东农业

2015 年，山东农业紧紧围绕地该怎么种，如何应对资源环境约束，怎样才能吃得更加安全等实际问题，努力给农业插上科技的翅膀，2015 年，山东省全年粮食生产有望实现十三连增；蔬菜、水果、肉蛋奶总产量均居全国第一位；农业综合生产能力、农产品加工出口能力均位居全国前列。

◎院士领衔、博士“驻扎”、现场指导◎

由山东省农业科学院科技人员研发的小麦品种“济麦22”，创造了单产最高、年推广面积最大、适应范围最广三项“全国之最”，连续 6 年成为全国种植面积最大的小麦品种。截至 2015 年夏收已累计推广超过 2 亿亩，增产粮食 1 000 万吨。

2015 年 5 月，山东成立首家小麦育种研究院士工作站。以年逾古稀的小麦育种专家赵振东院士为带头人的小麦研究中心和跨专业的院士团队，已经在为新阶段亩产小麦820千克的育种目标努力。

◎让海洋生产粮食　让盐碱地变良仓◎

水产品蛋白质是粮食蛋白质的2倍。蓝色的海洋是人类获取高端食物和优质蛋白的“海上粮仓”。山东省3 345千米的海岸线占到全国海岸线长度的1/6，是我国海洋渔业大省。预计到2020年，山东省水产品总产量将达到1 000万吨，蛋白质当量相当于粮食200万吨。

对于世代靠海吃海的莱州市土山镇渔民程足波来说，几年前加入的泽潭渔业专业合作社让他告别了以往当出海渔民的身份。“科研院所+龙头企业+合作社+养殖户”的泽潭模式实现了大渔带小渔，整合了生产和科研资源，使“海洋牧场”成为可能。

人多地少、淡水资源短缺等因素长期困扰山东粮食生产。开发新资源的同时，释放土地增产潜力，变盐碱地、中低产田为新“粮仓”，一直是山东农业、科技等部门研究的课题。每年盛夏的时候，登上县里“渤海粮仓”实验区的观景台，满眼都是沉甸甸的麦穗。自古五谷不生的盐碱地，竟能生出亩产几百千克的小麦。这片碱洼地播种了科技工作者研发的“小偃81”等小麦品种，并配套使用了ETS生物微肥改良盐碱地技术后，变成了旱能浇、涝能排的良田。

“海上粮仓”“渤海粮仓”等平台建设让科技推广最终落地，而高产创建等平台的搭建，让“高大上”的技术生根。在汶上县高产创建示范区内，数架无人植保飞机在500多亩地里喷洒一遍药只用了一个上午。“效果好，速度快，以前想都不敢想。”谷桥村农民陈善广说。

◎生物防虫转方式调结构◎

2015年，玉米防虫这项新技术，让武城县农民李庆双轻松多了。“俺也不愿打药。药再少，也不如不打吃得安心。”李庆双说。以往要打三次药消灭害虫，如今在玉米生长时挂个带有赤眼蜂的小纸片就能防虫，效果好又增产。这要归功于山东省农业科学院生物专家郑礼的团队研究的“以虫治虫”新技术。

在农业转方式调结构上，山东早已走在了前面，而科技功不可没。山东省从 2014 年就开始推行耕地质量提升试点，实施土壤改良修复、推广应用水肥一体化等技术。

农技推广体系的薄弱点和关键点在基层、在村镇。山东实施的万名科技人员下乡、家庭农场科技联盟、创新团队建设、博士科研工作站等探索，逐步让科研成果告别“抽屉里睡大觉”，打通了成果转化最后一公里。

2015 年 11 月，山东省率先发布《山东省农业科技展翅行动实施方案》，实施新型职业农民培育、科技型现代农业企业培育等十大行动，以科技加快转变农业发展方式，为山东农业现代化继续走在全国前列提供有力的支撑。

【思考】

1. 山东省是如何利用科技手段实现农业增效农民增收的？
2. 山东省是如何调动科技人员积极性的？

随着农业技术的不断推广和进步，一方面农民已经逐步认识到科学技术对农业发展的重要性，另一方面也了解到国家为农民提供了多种多样的农业科技推广和服务项目，但到底哪些项目适合自己？这些项目的申请条件又包括哪些？可见，了解农业科技推广与服务项目并加以利用才是创业增收的关键。

一、粮棉油糖高产创建

（一）出台背景

农业高产创建是农业部从 2008 年起实施的一项稳定发展

粮棉油糖生产的重要举措，为实现粮食连年增产和农业持续稳定发展发挥了重要作用。

（二）现有政策

1.《农业部办公厅关于切实加强粮棉油糖高产创建管理的通知》（2010年）

地块要求：示范片面积必须在1万亩以上。地块要有方位图，落实面积要有具体数据，方位图要每县一张，省、自治区、直辖市都要汇编成册，作为加强督促检查和项目验收的重要依据。

人员要求：每个示范片必须明确一名行政负责人和一名技术负责人。行政负责人要由示范片所在县（市）党委或政府领导担任，利于工作协调和形成合力；技术负责人必须是业务熟悉、技术过硬的专家，并牵头组织一个优势互补的专家团队，包括栽培、植保、土肥、种子、农机等方面的专家，确保各项技术措施集成推广。

标牌要求：万亩高产创建示范片的标牌一定要竖起来，接受社会监督，扩大宣传效应。

档案要求：要把高产创建有关的文件、方案、田间记录、测产结果、工作总结等及时建档立案。

2.《农业部办公厅关于做好2015年粮棉油糖高产创建工作的通知》

要根据中央财政拨付本省的资金规模，明确创建任务，科学确定创建作物、实施区域、目标任务、操作程序和补助方式等内容。有序推进项目地点轮换，对高产创建的补助标准、不同作物间的示范片数量和承担试点任务的市县可作适当调整，原则上对连续3年承担高产创建任务的示范片要变更地点。根据不同地力水平、不同生产条件，因地制宜确定高产创建目标，中低产田高产创建示范片数量占总数的1/3左右、增产幅度比前3年平均提高10%以上，实现低产变中产、中产变高产、高产可持续。

3.《关于支持多种形式适度规模经营促进转变农业发展方式的意见》

完善农机购置补贴政策，支持符合条件的地方，根据粮棉油糖主要农作物适度规模经营需要和补贴资金规模，选择部分关键环节机具实行敞开补贴。

4. 深入推进粮棉油糖高产创建和粮食绿色增产模式攻关支持政策

2015年中央财政继续安排20亿元专项资金支持开展粮棉油糖高产创建和粮食绿色增产模式攻关。在建设好高产创建万亩示范片的基础上，突出抓好5个市（地）、50个县（市、区）、500个乡（镇）高产创建整建制推进试点。同时，在60个县开展粮食绿色增产模式攻关试点。为提升创建水平、提高资金使用效率，各地可根据实际情况对补助标准、不同作物间的示范片数量和承担试点任务的市县进行适当调整。通过项目实施，试点试验、集成推广一批区域性、标准化高产高效技术模式，进一步提升我国粮棉油糖综合生产能力。

二、测土配方施肥

（一）出台背景

2015年中央一号文件中，指出要“加强农业面源污染治理，深入开展测土配方施肥，大力推广生物有机肥、低毒低残留农药，开展秸秆、畜禽粪便资源化利用和农田残膜回收区域性示范，按规定享受相关财税政策”。

（二）现有政策

1. 农业部贯彻落实党中央、国务院有关“三农”重点工作实施方案（2015 年）

深入推进测土配方施肥。继续抓好取土化验、田间试验等基础工作，支持专业化、社会化配方施肥服务组织发展，推进农企合作，深化与中化化肥合作，积极推进与供销合作总社合作，提高配方肥到田率；加快推广高效缓释肥、水溶性肥料、生物肥料、土壤调理剂等新型肥料的应用，集成推广种肥同播、机械深施、水肥一体化等科学施肥技术。

2.《中央财政农业技术推广与服务补助资金管理办法》

农技推广资金是中央财政预算安排的专项补助资金，用于支持推广先进适用、高产优质、安全环保的农业技术，增强农业技术服务能力，提高农业生产科技水平。包括农业技术推广、农业高产创建、旱作农业技术、农产品产地初加工、基层农技推广体系改革与建设、测土配方施肥、土壤有机质提升等补助资金，以及国家政策确定的其他相关补助资金。

农技推广资金的主要支出范围：材料、农资、小型仪器设备等技术物化投入品的购置补助，推广服务、宣传培训、技术咨询等费用补助，以及与农业技术推广相关的其他支出。

3.《农业部办公厅财政部办公厅关于组织实施好 2015 年财政支农相关项目的通知》

2015 年，在继续落实《农业部办公厅财政部办公厅关于做好 2014 年测土配方施肥工作的通知》的基础上，因地制宜统筹安排取土化验、田间试验等基础工作，扩大经济园艺作物测土配方施肥实施范围。省级农业部门加强监督检查和验收，探索政府购买服务的有效模式，强化农企对接，深化农化服务。积极研究配方肥应用到田的有效机制，选择有条件的地方，开展对种粮大户、家庭农场、农民合作社等新型经营主体使用按照农业部门发布配方生产的配方肥予以补贴的试点。

4.《关于加强农业综合开发土地治理项目科技推广费管理工作的指导意见》（2006 年）

科技推广费扶持的推广内容包括粮、棉、油、糖、蔬菜、瓜果、牧草新品种和良种繁育技术，测土配方和科学施肥技术，作物栽培技术，土壤改良和培肥地力技术，农作物病虫害防治技术等八项。

科技推广费主要用于示范、培训、指导以及咨询服务等推广工作环节中发生的下列费用：生产资料费、培训费、检测化验费、小型仪器设备费、差旅费、劳务费。

科技推广费的使用单位为农业院校、农业科研院所、各类农技推广服务机构、农民专业合作组织、科技推广示范农户。

5. 测土配方施肥补助政策

2015 年，中央财政继续投入资金 7 亿元，深入推进测土配方施肥，免费为 1.9 亿农户提供测土配方施肥技术服务，推广测土配方施肥技术 15 亿亩以上。在项目实施上因地制宜统筹安排取土化验、田间试验，不断完善粮食作物科学施肥技术体系，扩大经济园艺作物测土配方施肥实施范围，逐步建立经济园艺作物科学施肥技术体系。加大农企合作力度，推动配方肥进村入户到田，探索种粮大户、家庭农场、专业合作社等新型经营主体配方肥使用补贴试点，支持专业化、社会化配方施肥服务组织发展，应用信息化手段开展施肥技术服务。

【案例】

“大数据”促进农业生产

在农业部印发的《2014 年种植业工作要点》中，要求各地推进配方肥到田和施肥方式转变，重点解决“看病、开方”后的“抓药、用药”问题，利用“大数据”与相关化肥生产企业合作推广配方肥。与此同时，农业部还开展了测土配方施肥手机信息服务和新型经营主体科学施肥示范试点，提高肥料利用效率。农民在自己的农田上拨打手机测土配方施肥平台号码，系统就能通过自动完成手机定位、自动回复短信的方式，实现对农民的施肥指导。“大数据”给中国农业带来机遇，农业会在信息化方面实现飞跃。

吉林省自2004年逐步开展测土配方施肥工作，用10年时间摸清了吉林省大部分土壤的明细账。“测土配方施肥手机服务系统”是基于2004—2014年10年大范围推广测土配方施肥形成的“大数据”而开发的，它与智能手机在中国农民中逐渐普及有关系。国家和吉林省政府每年投资2 500万元，形成吉林省土壤的“大数据”，这些丰富的数据将为农民增收、粮食丰收做出贡献。

不仅仅是测土配方施肥，随着科技的不断进步，农业“大数据”搜集、整理与利用的手段也在增多。互联网、移动通信技术的发展以及中国农民收入的持续增长，加上智能手机在中国农村的普及，在移动运营商、农业企业、政府部门的共同推动下，中国农业生产中的众多“大数据”逐渐成为农民增收、农业增产的好帮手。4G时代，移动互联网已成为最重要的信息平台，智能手机上网在农村的普及为智慧农业发展带来契机。

【思考】

1. 土壤“大数据”如何帮助农民增收，实现粮食丰收？
2. “大数据”成果在农业上的应用对您有什么启发？

三、防灾减灾技术推广

1. 国家科技支撑计划项目“重大突发性自然灾害预警与防控技术研究与应用”

主要围绕危害我国农林业生产的农业旱灾、洪涝（涝害、湿害）、低温灾害（冻害、霜冻、寒露风）、干热风等，以“工程防灾、生物抗灾、结构避灾、技术减灾、制度救灾”为总体思路，通过研究农业灾害监测新技术，研发基于农田尺度的地面监测技术与设备，实现农业灾害的自动化、强时效和高精度监测，初步建立我国农业灾害监测技术支撑体系；通过研究农艺、工程、物理与化学相结合的防灾减灾新技术，实现农业重大自然灾害防、抗、避、减技术和措施的一体化，形成我国农业防灾减灾技术体系。

2. 农业防灾减灾稳产增产关键技术补助政策

2014 年，中央财政安排农业防灾减灾稳产增产关键技术补助资金，在主产省实现了小麦“一喷三防”全覆盖，在西北实施地膜覆盖等旱作农业技术补助，在东北秋粮和南方水稻实行综合施肥促早熟补助，对南方台风和洪涝灾害安排了恢复农业生产补助，大力推广农作物病虫害专业化统防统治，对于预防区域性自然灾害、及时挽回灾害损失发挥了重要作用。2014 年建立了地方先救灾中央后补助的救灾机制，2015 年中央财政继续按照这个机制引导地方主动救灾。

“十二五”期间，我国现代农业建设加快推进，农业科技的作用功不可没。主要农作物特别是粮食作物良种基本实现全覆盖，粮食亩产提高到 359 千克，主要农作物耕种收综合机械化水平超过 61%，农业科技进步贡献率达到 56%，成为现代农业发展的决定力量。我国农业科技成就举世瞩目，整体研发水平在发展中国家居领先地位并逐步缩小与发达国家的差距，为我国农业稳增长、调结构、促改革、惠民生做出了突出贡献。

第三节　农业信息化

2015年中央一号文件提出“推动新型工业化、信息化、城镇化和农业现代化同步发展”的目标。要实现农业现代化，离不开农业信息化的发展。信息化既是农业现代化的标志，也是实现农业现代化的重要手段和支撑。本任务我们会了解农业信息化的先进经验和做法，包括“互联网+农业”、农业综合信息服务平台等内容。

【案例】

大学生农民用手机种菜

雨农合作社建在小孟庄村南，合作社带头人孟宪明是大学毕业生。刚进合作社，便看到门前悬挂的“天津市无公害放心菜基地”“农业信息基地”“农业科技示范基地”的牌匾，感觉这是一家科技含量很高的单位。办公室电脑屏幕上显示着温室里的蔬菜生长和工作人员劳动的画面。如今的科技手段连灌溉、放风、卷帘都能做到自动化和机械化。在办公室可以用电脑操作，外出时可用手机遥控指挥生产。

温室内温湿度可以通过通风调节。地表水分可以利用水肥一体化系统，开启和关闭节电节水节药的滴灌系统。二氧化碳浓度不够可以采用二氧化碳发生器进行及时补充。发现病虫害可以用黏虫板、防虫网、太阳能或电源式杀虫灯杀虫，也可以用“热力喷雾”设备在2分钟内完成一个1亩面积温室的喷雾杀虫。

在雨农合作社的50栋二代温室里，安装了气象娃娃、农用通（信息采集器）等高科技器材。农民不出办公室或操作间，即可准确、及时、高效地将温室的土壤温度、室内温湿度、光照度、二氧化碳浓度，通过网络和无线技术反馈给种植管理者。数据的提供时间可自行设定，高倍万向摄像头可以分辨植物叶片上的昆虫和病害。工作人员通过“现代蔬菜管理专家系统”加以分析，进行各种利于蔬菜生长的调控，达到增产增收、减少病虫害、提高效益的目的。

【思考】

1. 信息化手段与农业的结合给农民提供了哪些便利？

2. 案例中用手机种菜的方式对您有什么启发？

根据中国互联网络信息中心 2015 年发布的《第 36 次中国互联网络发展状况统计报告》显示，截至 2015 年 6 月，我国网民中农村网民占比为 27.9%，规模达 1.86 亿，相比 2014 年年底增加了 800 万。足见，互联网的普及率以及农村地区网民的数量正在迅速扩大和增加。互联网对于农民已不再遥远，如何利用互联网等信息技术来实现创业增收是农民关心的重点。

一、“互联网+”农业

（一）提出背景

习近平总书记在出席第二届世界互联网大会时提出“十三五”期间中国将大力实施三个计划，即网络强国战略、国家大数据战略、“互联网+”行动计划。此前的十二届全国人大三次会议上，李克强总理在政府工作报告中首次提出“互联网+”行动计划，即制定“互联网+”行动计划，推动移动互联网、云计算、大数据、物联网等与现代制造业结合，促进电子商务、工业互联网和互联网金融健康发展，引导互联网企业拓展国际市场。2015 年 7 月，国务院发布《国务院关于积极推进“互联网+”行动的指导意见》，提出利用互联网提升农业生产、经营、管理和服务水平，培育一批网络化、智能化、精细化的现代“种养加”生态农业新模式，形成示范带动效应，加快完善新型农业生产经营体系，培育多样化农业互联网管理服务模式，逐步建立农副产品、农资质量安全追溯体系，促进农业现代化水平明显提升。

（二）相关政策

1.《“互联网+流通”行动计划》

2015 年 5 月，商务部研究制定了《“互联网+流通”行动计划》，其中涉及农业的目标为在全国创建培育 200 个电子商务进农村综合示范县，示范县电子商务交易额在现有基础上年均增长不低于 30%。重点工作任务之一是推动电子商务进农村，培育农村电商环境。继续推动电子商务进农村综合示范，支持县域电子商务发展，打造一批农村电子商务示范县，总结经验做法并向全国推广。全面推广农村商务信息服务工作，推进农产品网上购销常态化对接。支持农产品品牌建设和农村电子商务服务业发展，支持电子商务企业开展面向农村地区的电子商务综合服务平台、网络及渠道建设。

2.《国务院关于积极推进“互联网+”行动的指导意见》

2015 年 7 月，国务院印发《国务院关于积极推进“互联网+”行动的指导意见》，将“互联网+”现代农业作为重点任务之一，主要包括构建新型农业生产经营体系、发展精准化生产方式、提升网络化服务水平、完善农副产品质量安全追溯体系四个方面。

3.《关于加快发展农村电子商务的意见》

2015 年 8 月，商务部等 19 部门印发了《关于加快发展农村电子商务的意见》，争取到2020年，在全国培育一批具有典型带动作用的农村电子商务示范县。电子商务在降低农村流通成本、提高农产品商品化率和农民收入、推进新型城镇化、增加农村就业、带动扶贫开发等方面取得明显成效，农村流通现代化水平显著提高，推动农村经济社会健康快速发展。

4. 电子商务进农村综合示范工作

2015年7月，财政部、商务部公布了2015年电子商务进农村综合示范工作的200个示范县名单，中央财政计划安排20亿元专项资金进行对口扶持，发展当地农村电子商务。本次专项资金将全力扶持中西部地区，特别是革命老区的农村电子商务发展，资金的使用重点向建设县、乡、村三级物流配送体系倾斜。试点每县将拨款1 000万元，并将对考核达到要求的示范县在2016年再扶持一年。

5. “互联网+”现代农业三年行动实施方案

2016年5月，农业部、国家发展和改革委员会（以下简称“发改委”）、中共中央网络安全和信息化领导小组办公室、科技部、商务部、国家质量监督检验检疫总局、食品药品监管总局、林业局8部门联合印发《“互联网+”现代农业三年行动实施方案》，明确了总体目标，提出了11项主要任务，包括“互联网+”新型农业经营主体、“互联网+”现代种植业、“互联网+”现代林业、“互联网+”现代畜牧业、“互联网+”现代渔业、“互联网+”农产品质量安全、“互联网+”农业电子商务、“互联网+”美丽乡村、“互联网+”农业农村大数据、“互联网+”农业信息服务、“互联网+”基础设施。并提出六大工程，包括农业物联网区域试验工程、农业电子商务示范工程、信息进村入户工程、农机精准作业示范工程、测土配方施肥手机信息服务示范工程、农业信息经济示范区。

(三) 现有做法

1. 互联网农业小镇

自2015年5月，海南省陆续启动了十余个互联网农业小镇建设，“海南互联网农业小镇模式”是一种实现“互联网+”具体、有效、特色的手段。这种模式就像是一个区域化的大型购物中心，新版的“村淘”，包括建设优质高效农业、农村电子商务、创意休闲农业和信息进村入户等工程，为农户、商贩、商店提供专业培训，建立特色农产品特色馆，作为独特的分销平台，统一包装、配送、售后等标准化操作执行。

2. 农民手机应用技能培训

为扎实落实国务院关于积极推进“互联网+”行动，切实提高农民利用现代信息技术，特别是运用手机上网发展生产、便利生活和增收致富能力的要求，农业部于2015年10月印发了《关于开展农民手机应用技能培训提升信息化能力的通知》，研究制定了培训工作方案，组织专家编写了培训教材，研发开通了培训网站，各级农业部门迅速行动，相关企业积极参与，培训工作形成良好开端，目标是要让手机成为农民发家致富的好帮手。2016年，农业部联合地方各级农业部门，组织有关单位、企业深入乡村，分层次、分类型举办多种形式的培训班，面对面、手把手教会农民应用手机，同时丰富网络课堂内容，满足农民随时随地、想学什么就可学什么的个性化需求。

3. 农业电商平台，见下表

表　主要农业电商平台

名称	宗旨	特色服务
村村乐	中国村镇的门户性网站，致力于推广、展示乡村的发展，提供相关的资讯信息，扩大村民间的交流和协作，共同发展，共同打造村民沟通交流的网络平台	提供村庄产业发展新模式和解决方案，方便成员搜索查询；搭建村庄互动交流合作平台，实现村村间、村民间快捷沟通；为会员、企业、行业提供全方位的资讯信息和服务
田田圈	通过与优秀的经销商深度合作，优化农资流通渠道	有农集网（PC 端）、田田圈 APP（移动端）两个运营平台，线下有与核心经销商、优秀零售店联盟的“厂商一体化”门店系统运营平台
链农	为中小餐饮商家提供一站式、全品类且更低价食材采购的服务商	集中中小型餐饮商家的采购需求，到一级销售地进行大批量食材采购，缩减中间环节，将原材料以便宜 20% 左右的价格提供给中小餐厅，从价格低廉以及送货上门两个角度为商家提供便利
云农场	农业互联网高科技集成服务商，全国网上农资交易及高科技服务平台	提供化肥、种子、农药、农机交易及测土配肥、农技服务、农场金融、乡间物流、农产品定制等多种增值服务
一亩田	国内领先的农产品诚信交易平台，也是国内领先的农产品交易大数据平台	一端服务批发商和采购商，一端服务农民和产地，通过移动互联网、大数据以及线上线下的撮合服务，帮助产地农民实现农产品产销对接，缓解农产品卖难和卖价低等传统难题

【案例】

“互联网+”实现产销两旺

夏末初秋，瓜果飘香，福建南平市的许多农民将“互联网”运用于农产品种植、销售、流转等环节，提高了效益，拓宽了农产品销售渠道，实现了产销两旺。截至2015年，南平市的农业“互联网+”已初具模样，并在政府及社会各界的推动下持续向前推进。

◎电商平台火了农副产品生意◎

解答客户咨询、接单、包装、发货……眼下正是竹制品的销售旺季，南平市政和电子商务产业园内，竹海炭业有限公司的工作人员忙得不亦乐乎。该公司主要生产和销售新型竹炭净化产品、竹炭制品、竹炭工艺品等，近两年，借着电子商务的东风红火了一把。2014年，竹海炭业有限公司在电商平台的营业收入达1 100万元，占据了总营业收入的大半江山，产品远销东南亚及欧美市场。通过电商平台，不仅提升了商标的知名度，更重要的是这种销售模式使产品能直接面对消费者，公司通过网络大数据进行分析总结，不断改进和研发新产品。

作为福建规模最大的竹具产品加工基地，政和县有各类竹子加工企业200多家，竹具工艺从业人员2万多人。过去，由于地处山区，交通不便，信息不畅，政和县的竹制品产业销路不好。互联网及电商的普及，让政和县竹制品加工企业看到了发展机遇。为形成聚合效应，推动电商快速发展，2014年2月，政和电子商务产业园应运而生。同时，政和县政府还积极扶持当地成立竹木制品电子商务协会、农产品网商协会、政和县创新电子商务服务中心等电商服务组织，助推当地茶竹制品等特产通过网络销售。

◎农业“互联网+”持续推进◎

作为福建农业大市，建瓯素有“笋市茶乡”“竹海粮仓”之称，木竹、茶果、畜禽三大农业主导产业和粮食、蔬菜、食用菌等13个重点农产品优势明显。同时，它也是福建农副产品大型集散地之一，闽北80%的农副产品都要经过建瓯流转。2014年全市农林牧渔业总产值达81.75亿元，农业产业对当地经济发展贡献很大。

2014年6月，福建海绿集团有限公司、中国电信南平分公司、福建省农业科学院举行了建瓯市农产品产业信息化战略合作签约仪式，拟共同搭建“海绿农商城”公共服务电子商务平台，届时，商家可以通过互联网展示、推介、销售自己的农产品。建瓯市副市长傅晓雄表示：“此次三方实现战略合作，采取‘互联网+’企业信息思维进行创新，引入农产品电子商务、农业物联网、农产品溯源、农村信息服务、智慧型设施农业、农产品现代物流服务新兴技术，为海西蔬果茶交易中心成为全省乃至华东地区最大的农产品现货及电子商务交易集散地奠定了坚实基础，同时也将加快建瓯特色现代农业产业转型升级。”

福建省南平市“互联网+”农业发展已初具模样，但总体还处于小、散状态。南平市市长林宝金表示，下一步要发挥各地的资源优势，结合南平重点发展的“5+3”产业和现代农业，把优势不断扩大，把劣势持续缩小，努力促进电子商务与三次产业的融合发展。

中国电信南平分公司积极发挥自身在宽带网络及其他信息化应用方面的优势，实施农村宽带网络建设和提速工程，推进互联网进村入户，为农产品电子商务、“互联网+”农业提供保障，全面助力闽北农村经济社会发展。

【思考】

1. 南平市是如何利用互联网来推动农业发展的？

2. 政和县的做法有什么值得借鉴之处？

二、农业综合信息服务平台

（一）提出背景

2011年年底，农业部印发的《全国农业和农村经济发展第十二个五年规划》将农业信息化建设工程纳入现代农业公共服务能力建设工程之中。目标为建设一批农业生产经营信息化示范基地；建设国家、省、县（场）三级“三农”综合信息服务平台；建立共享化农业信息综合数据库和网络化信息服务支持系统。

（二）相关政策

1.“三电合一”项目

自2005年以来，农业部在全国开展了“三电合一”农业综合信息服务平台建设工作。“三电合一”项目的核心是充分整合利用电话、电视、电脑的优势，整合农业信息资源，依托农业信息服务体系，开展形式多样、交互性强、个性化的农业信息服务。内容包括利用互联网络采集发布信息，为电话语音系统和电视节目制作提供信息资源；利用电话语音系统，为农业生产经营者提供语音咨询和专家远程解答服务；利用电视渠道，针对热点和共性问题制作播放电视节目，提高信息服务入户率。

2.“三农”综合信息服务平台

“十二五”时期，12316“三农”综合信息服务平台作为农业部重点农业信息化项目，围绕建设一个中央级的农业综合信息服务平台，多渠道、多形式、多媒体相结合，完成了“一门户、五系统”（12316农业综合信息服务门户、实名用户服务系统、12316语音平台、12316短彩信平台、农民专业合作社经营管理系统、双向视频诊断系统）的开发建设。随着应用范围加大，开展了“一中心两平台六产品”（全国 12316 信息服务监管中心，“三农锦囊”移动应用集成平台、农业资讯类 APP 定制平台，“三农”信息通、农情速递、农贸速递、中国农民手机报、12316 短信通、农业会务通）的建设。

（三）各地经验

1. 吉林省 12316 新农村热线

12316 新农村热线是以专家受理农民咨询为主，组建了 400 多位省、市、县各个层次、各个领域的专家，由他们对农民的提问做出详细解答。广大农民朋友通过拨打“12316”，既可以咨询种植、养殖、加工、农产品供求和政策法规、劳动力转移等各领域的信息，也可以进行农资打假及投诉举报。对需要到现场解决的问题，平台直接指挥专家赶赴生产第一线，深入到田间地头进行诊治和处理。

2. 浙江“农民信箱”信息服务平台

浙江“农民信箱”，是为农民提供形式多样的信息发布、农产品产销对接等服务的平台。平台全部采用实名制管理，用户登录该信箱，须到当地农业行政主管部门以真名注册登记后方可使用。

【小知识】

浙江“农民信箱”信息服务平台主要功能

网上推销功能　即注册用户可通过信箱推销农产品。

网上采购功能　注册用户可通过信箱采购农产品和其他产品。

网上联系功能　注册用户可通过信箱进行远距离免费联络。

网上信息获取功能　注册用户登录“农民信箱”，即可获得农业生产技术指导、气象消息、农产品市场信息等。

网上统计考核功能　所有在“农民信箱”系统运行的数据都有记录，以便主管部门统计分析和考核。

网上桥梁功能　一方面政府部门可以方便地发送相关信息，另一方面注册农户也可通过信箱向政府部门反映民情民意，以便政府及时掌握农民的需求。

3. 上海“农民一点通”平台

农业综合服务信息查询系统是通过触屏方式获得农业资讯的信息平台，具体包括了解每天的天气、当下的病虫害、各种农产品的供求等信息，还可在网上选购农资超市里的商品，点播学习各类农科农技知识，上传、获取、交换农业供求信息。平台还具有农科专家远程视频功能，农民可以及时向专家咨询农业上遇到的各种难题。

4. 山西“我爱我村”

是中国移动山西公司投资建设的全国性农村门户网站，是中国最领先的新媒体、通信及移动增值服务平台。“我爱我村”为山西省全部行政区划——省、市、县、乡、村，都建设了各自的门户网站，所有的网站既独立，又联动，只要有一个农民在自己的村网站发布供求、就业等信息，全省 29 531 个网站即可同时看到。联动的同时，每个村门户网站又有自己的独立网站，包括有本村新闻、本村商品、本村公告、本村招商引资、本村大事、家长里短、本村联系方式、本村地理位置等信息。“我爱我村”网搭起了政府与农民、政策与农村、市场与农村、农村与农村交流的桥梁。

5. 云南“数字乡村”

云南“数字乡村”网具有以自然村为基础的农村经济社会信息查询和应用分析两大功能。信息查询功能可通过列表导航、地图导航和信息检索三大平台实现。信息应用分析功能通过分类查询实现，通过对数据库数据集合，选择条件，将无序数据抽取、统计、分析、对比，并以图表、图形等丰富多样的展示形式直观反映，为科学决策提供依据。此外，“数字乡村”网还提供农业科技推广，农产品市场交易，农业企业、农产品展示等服务平台。

【案例】

辽宁省 12316 金农热线开通 9 周年
服务农民近 400 万次

自 2013 年以来，按照农业部 12316 中央平台体系的总体设计，作为先行试点省份，辽宁省探索性地完成平台架构的革命性升级，确定纵向以省级平台为实体平台、市县两级构建虚拟平台（呼叫中心）、通过互联网向乡、村、社、场等基层应用场所设置远端座席，横向为农业部门内部系统整合、行业间跨界融合，集成咨询传播、监控分析、会商决策、指挥调度、协同反应多种功能于一体的多维度可持续发展的 12316 综合信息服务平台体系建设思路，成为全国最大的 12316 农业综合信息服务平台。

辽宁 12316 金农热线依托 12316 平台在信息收集、发布、传播和交流方面的强大优势，嫁接各行业、各部门的涉农管理服务职能，实现资源共享和服务集成。先后与省农委农经处、市场处、法规处、监管局等部门开展合作，解答农民关于土地承包、粮补发放等诸多方面的政策咨询，收集农资打假、与农产品质量安全投诉举报信息。

通过开展多种形式的信息服务尤其是及时、准确的咨询服务，12316 在农民群众中的知名度、影响力和信任度日益提高。热线开通以来，组织专家、媒体深入省内各地农村，先后举办“金色田野信息下乡行动”70余期，面对面、手把手为农民解决生产生活的疑难问题。以服务为纽带，逐步在全省建立起2 800余个热线固定联络户队伍。各地联络户及时报送本地信息、认真配合各类调查、积极宣传热线服务，与12316平台融为一体，成为平台运行初期向基层最重要的延伸。依托直通农村生产生活第一线的联络户，平台能够便捷、准确地收集生产态势、价格行情、政策落实、生活疑难等实时动态信息。根据农村生产生活时令特点，热线组织开展了春耕备耕、生产意向、成本收益、生活愿景等多项专题调查，汇集了大量真实、宝贵的第一手原发信息。热线还开展了送祝福、送年画、优秀联络户表奖等活动，逐步巩固扩大联络户队伍。

辽宁12316金农热线开通9周年*以来，为全省农民提供了便捷实用的信息服务通路，被群众誉为农事、农情、农村政策“百事通”。金农热线充分发挥了现代信息传播技术的优势，突破了农业信息服务“最后一公里”问题，以服务农民为本，架起了农民与专家、农民与市场、农民与政府之间有效沟通的桥梁。

【思考】

辽宁省12316金农热线提供哪些特色服务？

* 此案例中数据为2014年统计

第七章　农业产业化政策

第一节　农业结构调整

一、农业结构政策目标

（一）农业结构政策目标概述

农业结构是指农业生产过程中形成的各产业、产品等构成及其比例，是农业资源和生产要素在农业领域的分配比例。一般分为狭义的农业结构和广义的农业结构。狭义的农业结构是指农业生产结构，包括种植业、养殖业和渔业的构成及其所占比例，种养业中各种产品的构成及其比例及每一个品种中的品质构成及其比例。广义的农业结构除包括上述内容外，还包括农业的区域布局，农业中的种养业、农产品加工业和农产品储藏、运输服务等第三产业的构成比例。农业结构政策就是适应国民经济发展和人民生活水平的改变，用以不断调整农业结构内部各种资源和生产要素构成及其比例的手段及措施。通过这种调整策略提高农业整体素质和发展水平，促进农业持续健康发展。

加入 WTO 后，农业发展的约束条件将发生大的改变，这对促进中国农业战略性调整是有益的。应结合农业发展新阶段的特点和发展目标，充分利用国际、国内两个市场，发挥区域比较优势，在更大的范围内合理配置生产要素，提高资源利用水平和配置效率。要适当减少粮、棉、油等土地密集型农产品的生产，增加畜牧、水产以及园艺等劳动密集型农产品生产。

在政策调整上应对不同区域采取不同的政策导向。东部沿海发达地区要适当调减没有比较优势价格的粮棉生产，增加资金和技术密集、附加值高的农产品生产，发展创汇农业和现代化农业，扩大优势农产品出口；中部和粮棉生产地区应在稳定粮棉生产优势的基础上，大力发展畜牧业和农产品加工业，推进农业产业化经营。西部地区则要抓住西部大开发的历史性机遇，在大力发展不同区域特色产业的同时，实行退耕还林、还湖、还草，恢复和加强农业生态建设。

中国是一个农业大国，因而处理好粮食问题是农业结构调整政策的重点。解决粮食问题首先要立足于国内资源，实现基本自给，同时利用国际资源，进行品种和丰歉年间调剂。其次要调整粮食生产结构。目前5 000亿千克的粮食生产中，约有1/5是品质差、价格低、不受消费者欢迎的品种。从结构调整的区域分布看，要调减低质粮食品种，发展优质、专用的粮食生产。因此，要调整南方早籼稻面积，稳定中稻，发展优质稻；稳定发展北方冬麦，改良东北春小麦品种，适当调减南方冬小麦，大力发展专用小麦；重点发展优质饲用玉米，配合加工需要发展高淀粉、高含油等玉米品种生产，适度扩大南方玉米生产；扩大优质品种和高质量的大豆生产，稳定发展名、特、优杂粮生产。总之，应把努力提高粮食品种和质量，作为粮食结构调整的重点。最后，重点要提高科技对粮食增长的贡献率。“超级稻”的推广，就预示着中国粮食还有极大的增长潜力。

（二）农业结构的具体目标

1. 发展高产、优质、高效农业

高产、优质、高效农业要求：一是高产，就是提高资源的单位产出率，包括提高农、林、牧、渔等多种农产品的产量，

重点是提高单位面积产量；二是优质，就是追求农产品的使用价值，包括品种改良、产品优质、结构优化等；三是高效，就是提高农业的综合效益，以提高经济效益为中心，兼顾社会效益和生态效益，实现三个效益的统一。发展高产、优质、高效农业，就是要遵循价值规律，依靠科技进步，以农、林、牧、副、渔全面发展的观点充分合理地开发利用各种农业资源，不仅要生产出产量更高、品质更好的各种农产品，而且要不断提高效益，使农业成为充满生机活力、具有较强的自我发展能力的现代产业。

历史的车轮已经驶入21世纪，随着产品数量的大幅度增长，全国人民基本从温饱走进小康。为了更好地满足城乡居民生活水平不断提高对农产品的消费需求，为工业化提供更多的优质原料、缓解农产品卖难问题、较快地增加农民收入，为全面建设小康社会做出应有的贡献，我国农业应当在继续重视产品数量的基础上，转入高产优质并重、提高效益的新阶段，并加快发展高产、优质、高效农业，以市场为导向继续调整和不断优化农业生产结构，在确保粮食稳步增产、积极发展多种经营的前提下，将传统的“粮食—经济作物”二元结构，逐步转向“粮食—经济作物—饲料作物”三元结构，不断提高农作物的综合利用率和转化率。在继续加强牧区畜牧业的同时，进一步发展农区畜牧业。在畜牧业发展的基础上发展加工业，为乡镇企业发展开辟新的途径。不论是种植业还是畜牧业和水产品，都要把扩大优质产品的生产放在突出位置，并作为结构调整的重点抓紧抓好。

为促进农业结构进一步调整，各地要以流通为重点建立贸、工、农一体化的经营体制。按照市场需要组织生产和加工，形成生产、加工和流通环节紧密相连的产业体系，上联全国市场，下联千家万户，发展适度规模的商品生产基地和区域性支柱产业，是进入农村商品经济大发展时期以后的必然要求，也是发展高产、优质、高效农业不可缺少的基本条件。鼓励各地建立贸、工、农一体化的经济实体或利益共同体，打破部门、地区和所有制的界限，不论农业、工业企业还是商业、外贸企业，不论国有、集体企业还是“三资”或私营企业，实行谁能牵头就支持的政策。进一步办好城乡农贸市场，继续鼓励农民有组织地参与流通领域发展，以加快发展农村第三产业。

当前贸、工、农一体化经营组织，要重点发展加工、保鲜、运输和销售，实现农产品的多层次、大幅度增值，提高市场竞争能力，扩大农村劳动力的就业容量。提倡和鼓励加工企业兴建农产品原料基地，或者实行加工企业与农产品原料基地直接挂钩，减少中间环节。农业社会化服务体系建设要把发展高产、优质、高效农业作为主要任务，推进技术物资结合，实行有偿服务，办好服务，加快改革进程，为发展高产、优质、高效农业和整个农村商品经济服务。

2. 实现对农业结构的战略性调整

当前我国农业结构不合理，主要表现在：农产品质量不高，不能适应市场需求变化；农业区域结构雷同，影响各地比较优势的发挥；农产品加工程度低，制约增值效益的提高和消费需求的扩大。要实现农业结构的战略性调整，必须牢牢把握住提高质量和效益这个中心环节，面向市场，依靠科技，在优化品种、优化品质、优化布局和提高加工转化水平上下工夫。只有这样，才能使我国农业在新的台阶上继续保持旺盛的发展活力，促进农民收入的持续增长。

经过近几年的实践探索，我国农业结构调整已经有了一个良好的开端，出现了一些可喜的变化，如优质专用农产品得到快速发展，高效经济作物、畜牧业、渔业成为新的增长点，主要农产品生产逐步向优势产区集中，农民增收的渠道进一步扩宽，市场机制所起作用越来越强等。但是，必须清醒地看到，农业结构调整所取得的成效还只是初步的、阶段性的。农业结构不合理、农产品市场竞争力不强、农业效益不高、农民增收困难的状况还没有得到根本改变，坚定不移地推进农业结构战略性调整，促进农业增效、农民增收，是巩固农业基础地位、维护广大农民利益的客观要求，是适应整个国民经济结构调整、促进经济持续稳定发展的客观要求，也是适应加入世界贸易组织、参与国际市场竞争的客观要求。我们一定要进一步增强紧迫感和责任感，紧紧抓住新一轮科技革命、推进城市化和西部大开发的历史机遇，加快农业结构调整的步伐。

当前和今后一个时期，农业结构战略性调整的总体思路应该是：以提高质量和效益为中心，以增加农民收入为基本目标，以增强农产品市场竞争力和促进农业产业升级为重点，面向国内外市场，依靠科技进步，进一步优化品种结构，优化产业结构，优化区域布局，加快农村二三产业发展，加快小城镇建设，促进劳动力转移，全面提高农业和农村经济的整体素质和效益。根据这个总体要求，农业结构调整应当突出四个重点：①全面提高农产品质量，满足市场优质化、多样化的需求。②加快发展畜牧业和渔业，扩大农民增收的领域，把发展畜牧业作为农业结构调整的重要内容，加快发展步伐，使之成为大支柱产业。③大力发展农产品加工业，提高农业的综合效益。坚持以市场为导向，立足现有加工能力的改组、改造，积极引进开发农产品加工、保鲜、储运技术和设备，提高我国农产品的市场竞争力。

调整农业结构要从实际出发，讲求实效，不搞花架子；要从市场需求出发，着眼于生产出来的农产品卖得出去，能卖个好价钱。同时要看到，农业结构调整是一项复杂的系统工程，是长期的任务，既要只争朝夕，又要稳扎稳打。各级政府要注意做好引导和服务等基础性工作，重点是抓好典型示范、政策指导、信息引导、产销衔接等工作，为结构调整创造良好的、宽松的环境。

二、农业结构调整的政策内容

改革开放以来，我国对农业结构政策做了较大调整，从改变“以粮为纲”到“积极开展多种经营”，从高产、优质、高效到农业和农村结构战略性调整。概括而言，农业结构政策主要有以下几方面内容。

（一）促进农业内部各业结构改善

从满足人民生活水平提高对农产品的需求出发，在保持粮食生产平稳发展的同时，各级政府都出台了促进农业结构调整的政策措施。主要有实行市场化改革，放权让农民根据市场需求调整生产结构，发挥市场在资源配置上的基础性作用；通过实施优势农产品基地建设、市场体系尤其是优势农产品产地批发市场建设、农业社会化服务体系建设、优势特色产业科技创新与推广、金融服务、政策性保险等多种方式支持农民开展多种经营，促进农业的全面发展。在促进农业全面发展的政策措施作用下，农业内部产业结构得到显著改善。

（二）促进主要农产品生产逐步向优势产区集中

实施优势农产品区域布局规划，促进农业结构调整。国家制定并发布《优势农产品区域布局规划》，规划了专用小麦、专用玉米、高油大豆、棉花、“双低”油菜、“双高”甘蔗、柑橘、苹果、肉牛肉羊、牛奶、水产品 11 种优先发展的优势农产品，提出了建设 35 个优势产业带的目标。随后，国家又编制、实施了优质水稻、生猪两个优势农产品的区域布局规划。农业部门加强协调、统筹安排，加大并带动了地方政府和社会对优势农产品产业带建设的投入力度，并结合《国家优质粮食产业工程建设规划》的实施，着力抓好水稻、小麦、玉米、大豆四类粮食作物优势品种和九大产业带建设，以促进粮食生产的产业化、区域化。《优势农产品区域布局规划》的实施，引导农产品生产向优势区域集聚，促进农业区域化布局和专业化分工，形成优势农产品产业带。在粮食生产上，初步形成了九个主要粮食品种优势产业带。水稻、小麦、玉米、大豆四大粮食作物集中度分别达到80%、90%、66%、59%。在棉花生产上，形成长江流域、黄河流域、西北内陆三大棉区，播种面积占全国的99%。在畜牧业上，生猪生产形成以长江中下游生猪产业带为中心向南北扩散的格局，肉牛业形成了以黄淮平原为中心的中原肉牛带以及东北肉牛带，奶牛主要集中于东北与华北两大地带，家禽主要集中于山东、广东等东部省份。在渔业上，逐步形成了东南沿海和黄渤海优势出口水产品养殖带、长江中下游优质河蟹养殖区。

（三）促进农广品质量提高

政府从适应人民生活水平提高的角度出发，按照“高产、优质、高效、生态、安全”的要求，积极推进农业发展方式转变，推进农业科技进步和创新，加强农业物质技术装备，大力促进现代化农业发展，进而为提高农产品质量奠定基础。特别是在农业结构调整中，采取多项政策措施促进适销对路的优质专用农产品生产发展。同时，我国制定和实施了《中华人民共和国农产品质量安全法》，形成了包括监管体制、质量认证、标准管理、农产品生产、农产品包装和标志、检测追溯等的政策框架。这些政策措施的实施，促进了优质农产品生产的快速发展。

(四) 促进农业产业化经营发展

为适应市场经济和农业发展方式转变的要求，我国在家庭承包经营基础上创造了农业产业化经营方式，有效地衔接了小农户与大市场的关系。政府通过税收优惠、财政支持、信贷支持、上市融资、科研开发、技术改造、人才培养、基地建设，以及鼓励完善利益连接机制和促进农民专业合作经济组织发展等政策措施，培育一批竞争力强、带动能力强的龙头企业和企业集团。促进农业产业化经营的发展，已成为推进农业农村经济结构战略调整不可或缺的现实路径。

三、农业结构调整的矛盾与问题

改革以来我国进行的农业结构调整仍是初步的、低层次的和阶段性的，农业结构不合理的问题仍然存在，主要表现在三个方面。

(一) 农业生产结构趋同，区域布局仍不够合理

目前全球水稻生产的90%集中在部分亚洲国家；小麦主要分布在我国以及美国、印度、加拿大等国；世界著名的黄金玉米带处在北纬30°~45°；棉花主要集中在中亚、近东和美国。相对而言，尽管我国近年来一些农产品生产向优势产区集中的趋势较为明显，但农业在区域间的合理分工仍未真正形成，区域间的产业结构趋同问题仍较严重，不同地区农业生产的比较优势仍未得到充分发挥。导致这种低水平重复趋同结构的原因，主要是农户家庭经营规模小，相对分散，农民的生产经营行为并不受产业区域规划约束，同时存在信息不对称的问题。

(二) 优势产业发展水平低，竞争能力不稳固

经过多年的发展，我国农业逐步培育出了一些具有比较优

势的产品和产业，在国际市场上也有一定的影响。但从整体来看，我国农业在参与国际竞争的过程中还没有占据明显的优势地位。入世以后，我国原先预计的一些优势产品并没有表现出应有的竞争力，这是因为我国农业现代化建设滞后，农业弱质性的境况并未得到切实改变。

（三）农产品加工转化不足，农业向广度和深度延伸不够

我国农产品加工业发展势头良好，但整体发展水平还不高，与农业农村经济的发展还不适应，仍处在替补发展阶段。存在的突出问题是：加工总量不足，精深加工程度较低；技术装备落后，企业规模较小。据专家测算，价值1元的初级农产品，经加工处理后，在美国可增值3.72元，日本为2.2元，我国只有0.38元。发达国家农产品加工产值与农业产值之比大多在2.0~3.7，而我国只有约0.4。发达国家的加工食品约占饮食消费总额的90%，而我国仅占25%左右。发达国家食品工业产值为农业产值的1.5~2倍，而我国还不及农业产值的1/3。这些数字与事实充分表明，我国农产品加工业发展还比较落后，与农业结构调整的目标不吻合。

四、农业结构调整的发展趋势

未来一个时期，我国将继续推进以“高产、优质、高效、生态、安全”为目标的农业结构调整，进一步调整农业产业和产品结构、区域布局和提高粮食供给能力，实现从人力资源优势到产品优势，从产品优势到产业优势，从产业优势到市场优势的逐步转换。

（一）农业产业和产品结构调整

发挥农业的比较优势，实现资源的优化配置，是调整农业产业和产品结构的目标取向。前几次农业结构调整，都是为了

解决粮棉等大宗农产品的卖难和促进市场短缺的优质、安全产品的发展。随着农产品供给数量不断增长、质量安全水平逐步提高，可以充分利用我国农业劳动力资源丰富的比较优势，把优势产业做强做大。通过改变优势农产品与劣势农产品的比重，调整农业产业和产品结构，提高有限生产要素的利用效率，从而增强我国农业的比较优势和资源的合理配置。具体而言，产业结构方面，将适当减少粮、棉、油等土地密集型农产品的生产，增加畜牧、水产以及园艺等劳动密集型农产品的生产。产品结构方面，在总量平衡的基础上，将对农产品品质、质量进行调整，压缩低质产品生产，扩大名优和专用性产品生产，加大农产品注册商标和地理标志保护力度，促进有机食品、绿色食品和无公害食品的发展；大力发展农产品加工业，提高精深加工水平，提高农产品增值效益；建立健全农产品质量安全体系，强化农业标准化和农产品质量安全工作，严格产地环境、投入品使用、生产过程、产品质量全程监控，切实落实农产品生产、收购、储运、加工、销售各环节的质量安全监管责任，引导、规范农业生产，以保障食品安全。

（二）区域布局政策调整

在贸易自由化的大背景下，各国重视发挥本国的比较优势，加快优势产业带的建设，提高农业集约化的程度。区域布局可以带动产业集聚，引导技术、信息、资金等各种资源不断向优势区域集中，形成产、加、销一条龙，贸、工、农一体化的新型农业产业体系，提高农业生产效益。据分析，专业化分工和效率的提高，对全球农业生产增长的贡献率仅次于农业科技进步和增加生产资料投入。我国应当做好产业布局规划，科学确定区域农业发展重点，合理调整农业生产布局，形成优势突出和特色鲜明的产业带，引导加工、流通、储运设施建设向优势产区聚集。对不同区域应采取不同的政策导向。在东部沿海发达地区，将适当调减没有比较优势的粮棉生产，增加资金和技术密集、附加值较高的农产品生产，发展创汇农业和现代化农业，扩大优势农产品出口。在中部和粮棉主产区，将在稳定粮棉生产优势的基础上，大力发展畜牧业和农产品加工业，推进农业产业化经营。在西部地区，将加强草原保护和生态环境建设，转变牲畜养殖方式，发展特色农业。热带和南亚热带地区将进一步提升热带作物产业的国际竞争力。实施《优势农产品区域布局规划（2008—2015 年）》和《特色农产品区域布局规划（2006—2015 年）》，抓好产业化、科技进步、质量安全、标准化生产和市场信息服务等，促进优势农产品产业带建设。同时，通过品牌化战略和对原产地的保护利用，形成一批著名品牌，以提高竞争优势。

（三）促进农业产业结构优化升级

一方面，应当通过促进产业链延伸来拓展农业产业发展空间。随着农产品加工业的发展，农业的产业链逐步延伸，加工业和农产品进出口贸易越来越成为引导产业结构调整的重要力量。大力发展农产品加工业，不仅可以延伸农业产业链，提高农产品附加值，增加农民收入，而且可以开拓农产品新市场，为农业发展提供广阔的市场空间。近年来，加工专用的优质小麦、水果等农产品生产的发展，出口贸易生产基地的建设与发展，都体现了农业产业结构由封闭的农业内部结构调整向开放的产业链延伸转变的特征。另一方面，应当全面推进农业产业化经营，促进农业产业结构优化升级。按农业产业一体化的要求，建设高效的社会化服务体系和高度有序的市场流通渠道，不断培养适应农村分工分业需要的各种专业技术服务组织，构建产、供、销，贸、工、农一体化经营模式，把资源配置、产业发展和市场空间扩大统一起来，把农产品生产、加工、销售的利益有效地联结在一起，把农户、企业与市场紧密联系在一起，激励农民走上新的联合之路，形成从生产初级产品到最终产品的利益共享和风险共担的经济联合体，使农业在市场竞争中发展成为高效益的现代化产业。为此，我国将大力促进农业产业化经营的发展，扶持、壮大龙头企业，培育知名品牌，增强龙头企业的带动作用，为农业发展、产业提升拓展更广阔的国际国内市场空间。

（四）处理好保障粮食安全和发展畜牧、水产、园艺业的关系

在我国这样一个人口大国，保证粮食安全始终是农业乃至整个国民经济发展战略的核心问题，解决粮食问题的基本思路是立足于国内资源实现基本自给，同时利用国际资源进行品种和丰歉年间调剂。换言之，我国农业结构调整将建立在粮食生产能力稳步提高的基础之上。粮食安全的基础越稳固，结构调整的空间就越广阔。在进一步深化农业结构调整的过程中，我国将高度重视粮食安全问题，处理好粮食生产与人口增长的比例关系，切实保护粮食生产能力，确保粮食生产与人口增长基本同步；处理好稻麦等主要粮食作物与蔬菜、水果等园艺作物生产的比例关系；处理好粮食生产与畜牧、水产等养殖业发展的关系，不断提高养殖业在农业中的比重，逐步推行粮食、饲料、经济作物的三元种植结构。同时，将开发非粮食食物资源的潜力。我国水域、草原、山地资源丰富，开发潜力巨大。据统计，全国有适宜水产养殖的浅海、滩涂 260 万公顷，现仅利用 27.5%；可进行养殖的内陆水域 675 万公顷，也仅利用 70%；可以稻鱼结合的水稻田近 700 万公顷，现利用不到 1/5；已利用的相当部分也只是粗放经营，提高单产的潜力还很大。我国现有草地面积 4 亿公顷，其中可利用面积 3.2 亿公顷，居世界第三位，若将其中的大部分建设成人工草场，提高草原畜牧业集约化水平，就能增加大量畜产品。山区面积具有发展木

本食物的良好条件，增加木本食物的前景十分广阔。此外，外海和远洋渔业也都有一定的开发潜力。随着陆地资源日趋减少，人类已经将生存的空间不断地向占地球表面71%的海洋水域拓展。通过海洋开发利用，建立“海洋农场”“海洋牧场”“海洋林场”，可以丰富我国的食物结构。

（五）农业结构调整目标将更加多元化

国民经济和社会的快速发展，对农业提出了更高的要求，需要充分发挥农业的多种功能，产业结构调整的目标也将日益多元化；结构调整既要保证农产品数量的供给，又要保证质量安全水平不断提高；既要保证农业持续稳定发展，又要兼顾生态环境改善的要求；既要考虑国内市场变化，又要应对经济全球化的挑战。未来一个时期，我国农业结构调整将向多元化目标转变，向抓质量安全、树品牌形象、增产业效益，涵盖产业结构、要素结构、组织结构、区域结构等全方位的立体调整转变。同时，在结构调整过程中，不仅将体现某一项的优势，更重要的是将体现出整体的复合优势。

（六）构建与农业产业结构调整相适应的支持体系

推进农业结构战略性调整，促进农业结构不断优化升级，需要构建起与之相适应的支持体系。现阶段需要重点在以下两个方面实现突破：其一，增加资金投入。国家应从农业基础设施、品种改良、植物保护、动物防疫、农业科技创新、农产品质量安全、农业信息、农产品市场等多方面增加对农业的投入，实施一系列直接服务于农业结构调整和农民增收的建设项目，为结构调整提供支撑。国家还应通过补贴等形式，鼓励农民调整农业生产结构；将种粮农民直接补贴、良种补贴、农机具购置补贴等各项有关政策重点向优势农产品区域倾斜，推动优势农产品区域布局建设。强化主要农产品生产大县财政奖励政策，完善农产品加工业发展税收支持政策。其二，形成适应农业产业升级的人才结构。现阶段农业结构调整一个重要的不利因素是农业专业技术人才结构不合理，农业科研、推广力量主要集中在种植业，而养殖业的科研人才仅占约 1/5。在种植业中，不同作物品种和研究方向的研究人才也不平衡，如从事作物品种选育的研究人才相对集中，而从事栽培生理研究的人才相对缺乏。而且，农产品加工人才、农业法律人才、农业贸易人才、农业质量标准人才以及其他复合型人才在数量和水平上还远远不能满足农业产业结构升级的需要。因此，应当适应建设现代农业的要求，围绕推进优势农产品区域布局，突出重点产业和优势产品，以优势农产品生产、加工等环节的关键技术为主攻方向，加速农业科技由单纯追求数量向数量、质量、效益并重转变，为农业产业结构升级提供人才支撑。

（七）充分发挥市场对资源配置的基础性作用

在市场经济条件下，农业结构调整是产业组织在市场引导、政府宏观调控、法律约束、产业化经营等多种机制的共同作用下，通过多种经营模式发展的结果。在完善农业结构调整机制的过程中，我国将健全市场体系，完善市场机制，发挥好市场对农业结构调整的导向和调节作用，尊重农户和企业等市场主体在市场经济活动中的自主权。同时，将有效发挥政府在农业结构调整中的推动作用，主要是完善政府在经济调节、市场监管、社会管理和公共服务等方面的职能，解决农业结构调整中的市场失灵、公共产品短缺等问题。

第二节　农业产业化经营

一、认识农业产业化经营

1. 农业产业化经营的含义

农业产业化经营是我国农业经营体制机制的重大创新，是建设现代农业的重要途径。农业产业化是以市场为导向，围绕支柱产业和主导产品，采用管理现代农业的办法，通过龙头企业联基地、加合作社、带农户等多种组织模式，积极优化配置各种生产要素，形成种养加、产供销、内外贸、农科教等一体化经营体系。农业产业化经营的深远意义在于能够通过组织协调生产、加工、销售，引导小农户进入大市场，扩大农户的外部规模，形成区域规模和产业规模，产生聚合规模效应。

与传统的农业生产经营相比，现代农业产业化具有生产的专业化、经营的一体化、管理的企业化、服务的社会化、资源配置的市场化等特点。

2. 农业产业化的发展趋势

我国农业产业化开始于20世纪80年代中后期，经过近30年的发展，大致经历了自发探索、快速发展、创新升级三个阶段。近年来，随着我国农业产业化不断深入发展，产业化组织实力不断增强，规模不断壮大，原料生产基地建设日益标准化、规范化，与农民的利益联结机制更加紧密，对农民的带动能力显著提高，目前农业产业化经营已经进入创新升级阶段。

第一，产业化组织发展快速，经营模式由单一向多元转变。随着农业规模化、专业化、市场化的快速发展，农业产业化组织数量大幅增加，规模和实力持续提升。农业新型经营主体的蓬勃发展也为农业产业化经营模式的多元化提供基础和条件，经营模式日益丰富。

第二，生产投入不断加大，基地建设专业化、标准化、规模化程度增强。新时期人们的消费习惯已经由原来的“温饱型”向“健康型”转变，对农产品的质量要求更高，并且也愿意为高质量的农产品支付较高的价格。为保证持续稳定、高质量的原料供给，农业产业化经营组织将基地建设作为企业可持续发展的重要基础，纷纷加大生产基地投入，基地建设专业化、标准化、规模化程度得到显著增强。

第三，利益联结机制不断完善，由松散型向紧密型转变。随着农业产业化组织形式的不断丰富和利益联结机制的日趋完善，农业产业化组织与农户之间的联结机制已经不再是简单的、松散的关系，在订单农业、保护价收购的基础上，探索出了土地经营权入股、产业联合体、股份制联盟等新兴联结方式，让农民从农业产业链中获得更多实惠、分享更多收益。2014 年，各类农业产业化经营组织以订单合同、合作、股份合作等方式，辐射带动农户 1.24 亿户，年户均增收 3 234 元，分别比 2010 年增长了 15.9%和 47.5%。

第四，发展模式由单个龙头企业带动向龙头企业集群集聚带动转变，带动能力显著增强。新时期，各地充分依托资源、产业和区位优势，引导龙头企业向优势产业和产区集聚，围绕当地特色产业发展精深加工，带动包装、储藏、运输等配套产业，打造地区主导产业，促进农村一二三产业融合互动，形成区域经济新的增长极，对农民的带动能力显著增强。

二、农业产业化经营的组织模式

农业产业化经营是一个渐进的发展过程，不同地区、不同产业、不同发展阶段都有不同的模式。目前，农业产业化经营的组织模式主要有以下 4 种。

1. “企业+农户”模式

“企业+农户”模式通常是以一个技术先进、资金雄厚的企业作为龙头企业，通过订单合同等契约形式将分散的农户生产和企业加工、销售联结起来。企业与农户之间按照市场上农产品的供求关系变化来进行购销活动。表面上看，企业找到了稳定的原料供应渠道，降低了购进成本；农户则找到了稳定的销售渠道。实质上，这种模式下，企业与农户只是外在形式下的联合，并且农户往往处于合作的劣势地位，其利益联结机制往往比较松散，农产品在企业和农户之间很难形成稳定的供求关系，一旦市场价格高于合同价格时候，农户则把农产品转售给市场的冲动更为强烈；而当市场价格低于合同价格时候，企业更倾向违背合同而从市场上采购原材料。

2. “企业+基地+农户”模式

“企业+基地+农户”模式在于通过基地向企业提供农产品。基地对分散的农户进行监督和约束，同时也是农民的利益代表，对企业挤占农民利益的行为也能进行约束。在基地管理上，企业提供生产技术、农资供应、政策信息传递等统一的服务。基地作为企业和农户的桥梁，保障企业和农户之间的沟通。这种模式克服了“企业+农户”模式协议定价的缺点，一般只签订了最低保护价格，在规定的收购时限内，如市场整体价格低于保护价格，则按保护价格收购；如市场价格高于保护价格，则按市场整体价格进行收购。

3. “企业+农民合作社+农户”模式

该模式是在企业与农户之间加入农民合作经济组织的中介组织作用。通过农民合作社把分散的农民组织起来，从而形成以企业为龙头、合作经济组织为纽带、众多专业农户为基础，提供从技术服务到生产资料服务再到销售服务的产加销、贸工农一体化全方位服务的产业化经营组织。合作社成为农户的利益共同体，对外是营利性经济实体，对内是非营利性服务组织，合作社赢利时在合作社成员间进行分配。这种模式下，企业、农户和农民合作社能够紧密联系在一起，企业和农户之间的利益联结更加稳定。

4. “企业+专业合作社+家庭农场”模式

该模式是以农业企业为龙头、家庭农场为基础、农民专业合作社为纽带的一体化紧密型现代农业经营组织。与“企业+农民合作社+农户”模式相比主要有两点不同：一是从事专业化、规模化农业生产的家庭农场代替了传统分散的农户；二是专业合作社的职能由原来的生产组织者变为了专业化农业生产服务的提供者，上联农业企业，下接家庭农场，起中介纽带作用，按照要求为家庭农场提供产前、产中、产后等环节的服务。各产业化经营主体之间的职能定位更加清晰，利益联结更加紧密。

【案例分析】

宿州市埇桥区淮河粮食产业化联合体

安徽省宿州市埇桥区淮河粮食产业化联合体组建于2012年7月，以淮河种业公司为龙头，联合淮河农机、淮河植保、润禾水利等10家农民专业合作社，何勇、朱超等22个家庭农场及6个种粮大户组成。联合体经营规模不断扩大，截至2015年年底，拥有各类农机装备430多台（套），流转土地1.6万亩，小麦良种繁殖基地4万多亩，带动农户6 500多户，有效地促进了农业产业融合发展，带动了农民增收致富。

◎职能明确的组织运行架构◎

农业产业联合体是以“农业企业为龙头、家庭农场为基础、农民专业合作社为纽带”的一体化紧密型现代农业经营组织。在淮河粮食产业化联合体内，淮河种业公司作为牵头产业联合体的龙头企业，承担着农产品经营销售、统一制定生产规划和生产标准等任务，以优惠的价格向家庭农场提供农业生产资料，以高于市场的价格回收农产品；淮河、德杰、惠康农机等专业合作社上联农业企业，下接家庭农场，起到中介纽带作用，按照要求为家庭农场提供产前、产中、产后等环节的服务；何勇、朱超等家庭农场按照农业企业要求进行标准化生产，向农业企业提供安全可靠的农产品。

◎联系紧密的利益联结机制◎

淮河粮食产业化联合体通过建立紧密的利益联结机制，做到优势互补，多方得利。一是交易联结。产业化联合体各方通过签订生产服务合同、协议，确立农产品、生产资料的买卖关系和农机作业服务的关系。二是生产要素融合。联合体各方通过资产、资金、技术等生产要素相互融合，建立利益联结机制。淮河种业在给家庭农场提供种肥等生产资料的过程中，先垫付资金，收购农产品时扣除，解决了家庭农场资金不足问题，形成了资金融合。2014 年淮河种业公司为联合体的 4 个家庭农场担保贷款 800 万元，家庭农场用流转土地经营权及待收获的粮食向淮河种业提供反担保，化解企业担保风险。三是互助联结。联合体各主体通过充分发挥各自优势，取长补短，建立联结机制。淮河种业公司为家庭农场提供粮食烘干及仓储服务，解决了家庭农场大规模生产粮食无法晾随储藏的问题。

◎合作共赢的赢利模式◎

在分工明确的基础上，淮河粮食产业化联合体内部三大主体逐渐形成了合作共赢的赢利模式。龙头企业通过减少农产品采购环节提高效益；通过规模采购农业生产资料向家庭农场供应，获取差额利润；通过指导监督家庭农场生产，获得安全可靠的原材料；通过生产总量的增加、产品质量的提高获得较高利润。农民专业合作社加入联合体后，向家庭农场提供技术服务和作业服务，有了稳定的服务面积和集中连片的服务环境，从而使经营收入更有保障。家庭农场一方面通过使用新技术、新设备提高了劳动生产率和土地产出率，增加了收益；另一方面从龙头企业供应生产资料、收购农产品的“让利”中获得收益。

【思考】

1. 宿州市埇桥区淮河粮食产业化联合体属于哪种组织模式？

2. 宿州市埇桥区淮河粮食产业化联合体的组织模式有哪些优点？

三、中国农业产业发展历程

农业结构是农业各生产部门以及部门内各产业间的组合形式和构成，是农业资源转换的综合能力和水平的体现。不同时期、不同层次的社会需求形成不同的农产品和服务需求结构，而需求结构的变化则必然导致农业结构的变动。农业结构具有明显的可变性，其表现形态和质量档次是由经济体制、生产力水平和社会消费需求所决定的。改革开放以来，随着经济社会发展和人民生活水平日益提高，我国农业结构不断优化调整，推动了主要农产品由长期短缺向供求基本平衡、丰年有余以及目前的供求基本平衡、结构性短缺的历史性转变。改革开放以来，我国农业经历了4次大的结构调整。

（一）第一次农业结构调整始

自1978年，结构调整以“决不放松粮食生产、积极开展多种经营”为基本方针。基于1978年前农业结构不合理问题，中国共产党十一届三中全会提出了有计划地改变农业结构的任务。中国共产党十一届四中全会通过的《中共中央关于加快农业发展若干问题的决定》指出："我们一定要正确地、完整地贯彻执行'农林牧渔同时并举'和'以粮为纲、全面发展、因地制宜、适当集中'的方针。粮食生产搞得好不好，关系到九亿人民的吃饭问题，一定要抓得紧。过去我们狠抓粮食生产是对的，但是忽视和损害了经济作物、林业、畜牧业、渔业，没有注意保持生态平衡，这是一个沉痛的教训。我们一定要把我国优越的自然条件充分利用起来，把各方面的潜力挖掘出来，使农林牧渔各业都有一个大的发展。粮食作物和经济作物，也一定要按照各地区的特点，适当地集中发展。要有计划地逐步改变我国目前的农业结构和人们的食物构成，把只重视粮食种植业、忽视经济作物种植业和林业、牧业、渔业的状况改变过来。"1981 年，中共中央、国务院转发了国家农业委员会的《关于积极发展农村多种经营的报告》，改变了过去的"以粮为纲"，提出"决不放松粮食生产、积极开展多种经营"的方针，要求农业同林业、畜牧业、渔业和其他副业，粮食生产同经济作物生产之间要保持合理的生产结构，实现农、林、牧、副、渔全面发展。这次结构调整，是针对非粮产品紧缺进行的结构纠偏，拓宽了农业的发展空间，种植业、养殖业都有了很大发展。在实施家庭承包经营制度和市场化取向改革条件下，一方面国家减少粮食等农产品征购基数和统派购范围，直至从 1985 年取消农产品统购制度，发挥市场在资源配置中的基础性作用；另一方面，广大农民以市场需求为导向，积极开展农业结构调整。农村改革极大地解放了生产力，一方面实现了农业的快速发展，粮食等农产品大幅度增加；另一方面初步改善了农业结构，与 1978 年相比，1991 年农业总产值中种植业产值所占比重由 80.1%下降到 63.1%，同期畜牧业产值所占比重由 15%上升到 27.1%，渔业由 1.6%上升到 6.8%。

这个时期的农业生产以粮食等主要农产品的长期短缺为背景，以解决人口大国的温饱问题和提高人民的食物营养水平为基本目标，通过持续增加国家对农业的投入，广泛调动农民生产的积极性，我国粮食和农业综合生产能力达到前所预期的3亿吨，并相继迈上4亿吨和5亿吨两个台阶，农产品供给水平大幅度提高，终结了我国主要农产品长期短缺的历史，并且使得城乡居民生活得到显著改善。

（二）第二次农业结构调整

始自20世纪90年代初期，发展高产、优质、高效是结构调整的主要目标。20世纪80年代，我国农产品数量实现大幅度增长，基本解决了全国人民的温饱问题。然而农业结构又出现了一些新的问题：一方面表现为农产品发生新的卖难问题；另一方面表现为优质农产品供给不足，不能满足城乡居民生活水平不断提高的消费需求，进而出现了农业增产不增收的现象。为此，需要促进农业由单一追求高产转向高产优质并重。在这种背景下，1992年9月25日，国务院做出了《关于发展高产优质高效农业的决定》，对发展高产、优质、高效农业作出了九项规定：一是进一步把农产品推向市场；二是以市场为导向继续调整和不断优化农业生产结构；三是以流通为重点建设贸、工、农一体化的经营体制；四是依靠科技进步发展高产、优质、高效农业；五是建立健全农业标准化体系和检测体系；六是继续增加农业投入，调整资金投放结构；七是改善高产、优质、高效农业生产条件；八是积极扩大农业对外开放；九是加强领导，建立适应高产、优质、高效农业的考核制度。这是在全国农产品大幅度增长后，中央及时作出的促进农业结构调整和持续发展的又一重大决定。在发展高产、优质、高效农业的政策取向下，各地积极推进农业以市场为导向优化产业结构，农业结构调整步伐明显加快，种植业比重继续下降，养殖业快速增长，尤其是畜牧业和蔬菜、果品、花卉等附加值较高的经济作物产业发展迅猛。

（三）第三次农业结构调整

时间为1997—2007年，推进农业结构战略性调整成为目标的基本取向。中央于1998年作出了农业进入新的发展阶段的判断，提出新阶段的中心任务是对农业和农村经济结构进行战略性调整。农业结构调整的目标是在农产品总量供给基本平衡、丰年有余的基础上，坚持以市场为导向，进行提升产业素质的战略性调整，更加突出质量和效益，发挥区域比较优势，培育优势产业，提升产业竞争能力。《中共中央国务院关于做好2001年农业和农村工作的意见》指出：推进农业结构等的战略性调整，必须牢牢把握提高质量和效益这个中心环节，面向市场，依靠科技，在优化品种、优化品质、优化布局和提高加工转化水平上下工夫。只有这样，才能使农业在新的台阶上继续保持旺盛的发展活力，促进农民收入的持续增长。2004年以来的中央一号文件，进一步制定了切实可行的政策措施，促进农业结构战略性调整的深化。

（四）第四次结构调整

时间为2008—2020年，以总量平衡、结构平衡和质量安全为取向。这个时期农业发展的背景是主要农产品供求关系已从“总量基本平衡、丰年有余”转变为“总量紧平衡、结构性短缺”，农业发展的资源环境约束日益趋近，加快农业“引进来”和“走出去”步伐的机遇与风险并存。农业发展的主要任务是：推进现代农业建设，确保国家粮食安全和重要农产品供给，实现农产品供求平衡；保持农民收入较快增长，到2020年农民人均收入比2010年翻一番，努力缩小城乡居民收入差距。

2008年《中共中央国务院关于切实加强农业基础建设进一步促进农业发展农民增收的若干意见》提出必须立足发展国内生产，深入推进农业结构战略性调整，保障农产品供求总量平衡、结构平衡和质量安全。”《中共中央关于推进农村改革发展若干重大问题的决定》提出：“推进农业结构战略性调整。以市场需求为导向、科技创新为手段、质量效应为目标，构建现代农业产业体系。”经过几年的努力，以区域化、优质化、产业化为标志的农业产业发展新格局逐步形成。

第三节 农业产业化支持政策

一、扶持家庭农场发展政策

2016年，国家有关部门将采取一系列措施引导支持家庭农场健康稳定发展，主要包括建立农业部门认定家庭农场名录，探索开展新型农业经营主体生产经营信息直连直报。继续开展家庭农场全面统计和典型监测工作。鼓励开展各级示范家庭农场创建，推动落实涉农建设项目、财政补贴、税收优惠、信贷支持、抵押担保、农业保险、设施用地等相关政策。加大对家庭农场经营者的培训力度，鼓励中高等学校特别是农业职业院校毕业生、新型农民和农村实用人才、务工经商返乡人员等兴办家庭农场。

二、扶持农民合作社发展政策

国家鼓励发展专业合作、股份合作等多种形式的农民合作社，加强农民合作社示范社建设，支持合作社发展农产品加工流通和直供直销，积极扶持农民发展休闲旅游业合作社。扩大在农民合作社内部开展信用合作试点的范围，建立风险防范化解机制，落实地方政府监管责任。2015 年，中央财政扶持农民合作组织发展资金 20 亿元，支持发展粮食、畜牧、林果业合作社。落实国务院“三证合一”登记制度改革意见，自 2015 年 10 月 1 日起，新设立的农民专业合作社领取由工商行政管理部门核发加载统一社会信用代码的营业执照后，无须再次进行税务登记，不再领取税务登记证。农业部在北京、湖北、湖南、重庆等省市开展合作社贷款担保保费补助试点，以财政资金撬动对合作社的金融支持。2016 年，将继续落实现行的扶持政策，加强农民合作社示范社建设，评定一批国家示范社；鼓励和引导合作社拓展服务内容，创新组织形式、运行机制、产业业态，增强合作社发展活力。

三、扶持农业产业化发展政策

2016 年中央一号文件明确提出完善农业产业链与农民的利益联结机制，促进农业产加销紧密衔接、农村一二三产业深度融合，推进农业产业链整合和价值链提升，让农民共享产业融合发展的增值收益。国家有关部委将支持农业产业化龙头企业建设稳定的原料生产基地、为农户提供贷款担保和资助订单农户参加农业保险。深入开展土地经营权入股发展农业产业化经营试点，引导农户自愿以土地经营权等入股龙头企业和农民合作社，采取“保底收益+按股分红”等方式，让农民以股东身份参与企业经营、分享二三产业增值收益。加快一村一品专业示范村镇建设，支持示范村镇培育优势品牌，提升产品附加值和市场竞争力，推进产业提档升级。

主要参考文献

何忠伟. 2016. 中国农业政策与法规［M］. 北京：中国商务出版社.

刘西涛，王炜. 2016. 现代农业发展政策研究［M］. 北京：中国财富出版社.

王曙光. 2015. 农村金融学［M］. 第2版. 北京：北京大学出版社.

肖鹏. 2015. 中国家庭农场的政策与法律［M］. 北京：中国农业出版社.

中央农业广播电视学校. 2016. 农业支持保护政策［M］. 北京：中国农业出版社.